中国儒教の貞操観

―儒学思想における貞節観と貞節牌坊―

魏　則能

前書き

本書を出版した目的は、貞節牌坊に反映されていた貞節観念とその観念を育《はぐく》んでいた儒学思想の論述を通して、儒学の男女関係理論を概観し、その理論の社会管理機能を、貞節牌坊を通じた現実化の過程を分析することである。その上で、儒家の貞節観の形成要因と伝播経路、その合理的要素を解明し、中国で従来批判されてきたその観念と儒学の伝統的価値観に対して再評価を試みた。

鄧小平による改革開放政策が実施されて以来、中国は急激に変貌しつつある。経済的にはある程度良好な結果をもたらしたが、それとは裏腹に、様々な社会的な問題が発生していることも事実であろう。それは特に、伝統的価値観が社会から軽視されていることである。筆者はそれが最大の社会問題であると危惧する。なぜかと言うと、現在の中国の様々な問題はほぼ例外なくこのことと関係しているからであり、人の価値観が変わらなければ人の行動営為も変化することは難しく、男性・女性個々の人間もそうであるし、男性と女性で形成されている家庭や社会もそうであろう。

筆者はごく普通の中国人だが、中国の伝統的道徳観の退廃や物欲主義の横行などの社会問題に直面して胸が痛む思いがする。自分一人では微力ではあるが、いかにしてこのような社会問題を改善できるかと考え、昔の中国の儒学思想を研究すべきか、または現在の中国の社会現象の研究をすべきか、そうした考えが常に頭から離れなかった。

二〇〇二年、筆者は日本の名古屋大学国際言語文化研究科に留学したが、研究の方向を定めるのに迷うことがあった。文革を研究するか、中国に特徴的な社会主義とは何か、また、筆者が経験した六四事件を研究しようか、と思い悩んだ。適切な研究テーマは研究者にとって極めて重要なことで、慎重に選ぶ必要がある。そこで、筆者は一年半の時間を費やし、名古屋大学国際言語文化研究科のすべての授業を聴講した。それらを自分の感受性に照らしながら、研究したい内容へと心の中で近づけてみようと試みた。当時、研究科ではジェンダー論という新しい講座が開かれていた。その講義内容は私にとって新鮮だった。そして、ジェンダー論の知識を用いることで自分の心の中の疑問を解決できるのではないかという希望が芽生えた。

筆者の故郷の安徽省南部の村には、何百年にも渡ってそびえてきた牌坊が数多くある。これらの牌坊はその場所に何世紀にも渡って静かに立っていて、寂しげだが高潔な気風が漂っている。多くの物語を世の人々に伝え聞かせるかのように。しかし、これらの牌坊は文化大革命以来人々によって壊され、批判の対象となった。特に貞節牌坊については、筆者は幼少期に貞節な女性と貞節牌坊の物語を耳にしたことがあり、学校でもそれを批判する文章を多く読んだ。それから深い疑問を持つようになった。貞潔の女性はどうして貞節を保とうとするのか。古人はなぜ彼女らに貞節牌坊を建てたのか。そしてなぜ今日になって社会はこれを批判するのか。家庭の男女、古今の社会は誰が正しく、誰が間違っていて、どこがどう間違ったのか。ジェンダー理論はこれら貞節牌坊の背後に潜む問題に答えを出してくれるかもしれないと思えた。

研究テーマが確定し、研究にとりかかろうとしたが、その途端に気付いたのは先行研究と関連資料が極めて少ないことだった。修士課程のときに指導教官の指導の下で貞節牌坊と貞節烈女の資料の収集に当たり、中国古代の哲学思想の中にある男女社会関係の記述と男女社会性問題の資料を精査した。このように大量の資料の精査と度重なる現地調査をしながら、論文の執筆に取り組み、多くの困難に遭遇し、研究の孤独も味わい、研究を断念したい思いに幾度となくとらわれた。幸いにして指導教官の指導と激励の下で最後まで研究を続け、このような一冊の本の形にまとめ上げることができた。


本書は、儒家貞節観の理論形成と社会実践の歴史的変遷、伝播のルート、貞節行為の原因、貞節女性の実態を考察し、貞節観を称揚する徽州の貞節牌坊の特徴、その影響と興隆の原因を明らかにし、それを通じて、儒家伝統学説の社会管理機能を再検討しようとする試みの成果である。

本研究では文献調査と現地調査を通じて研究を行った。特に日本では、貞節牌坊についての学術研究は、管見の限り、拙著が初めてである。この研究を通じて、貞節牌坊、貞節女性、貞節観、儒家の女性倫理規範に関する認識を明確にし、貞節牌坊と貞節観の研究に貢献できるものと思う。また、歴史的な貞節烈女の生活実態や地元の評価などの実態を把握するため、何度も現地に足を運び、現地の研究者、郷土史家とともに、徽州貞節牌坊の周辺の村々で村民に家庭訪問調査を行い、地元の長老たちに取材を重ねた。これらは現代の地元の人々の貞節牌坊観を表す歴史証言として希少な価値を有するものである。

貞節牌坊、貞節観、貞節女性に関して本研究が取り上げた歴史的文献や、貞節女性と貞節牌坊の事例は、ほんの一部にすぎない。とはいえ、本論文を通じて、儒学思想における貞節観の形成とその進化のもとで、貞節理論とその実践を裏付ける貞節牌坊が存在することを跡付け、また、表彰された貞節女性たちに関する限られた資料情報を解読し、貞節行為の歴史的・地理的な要因をある程度明らかにすることができたと思う。

研究には終わりがなく、拙著には多くの不備があるのも事実である。例えば、貞節烈女に関する歴史資料はさらに掘り下げる必要があるし、分析論証の箇所ももっと慎重・精密にすべきだったかもしれず、特に儒学思想の中での男女関係と家庭理論は現実社会にどのような参照価値があるのか。儒学の男女家庭の問題に関し価値のある理論をいかにして今日の中国社会に役立てるのか。これらの点に関して筆者はさらに検討してみたい思ったが、残念ながら今回は触れることができなかった。

本書が、読者諸氏に中国の儒学にある貞潔観念に関して新たな知見をもたらし、貞節牌坊の裏に隠された男女、家庭、社会の重要な課題について興味を喚起できれば幸いである。

山村の田園地帯に一つ一つの貞節牌坊は今日も依然として立っている。それを見ると、中国古代社会の女性の面影が想起され、中国の社会と家庭に深い影響を与えた儒学思想にも思いを巡らさざるをえない。筆者が思うに、社会への儒学の影響はこれからも続いていくことだろう。不合理なものは歴史に自然淘汰される一方で、多くの合理的な学説思想は人為的な革命や批判によっても断ち切ることはできない。これは文化の力であり、同時に中華文明の脈々と生き続ける力である。

目下、筆者は日本の中部産業連盟の同僚たちとともに企業管理と企業文化の研究・交流を行い、大学の学術活動に参加している。それらを通じて感じたのは、伝統文化の要素と価値観が企業と家庭に決定的な影響を与えていることであり、国家と社会の運命を左右するのは依然として伝統文化であり、決して物質的要素ではない、ということであった。

最後になるが、本書を手にした読者のみなさんが中国の古典文化、中でも儒教と貞節牌坊について関心を深めていただければ幸いに思う。また、浅学非才な筆者はこのたび本書を世に送り出すことをきっかけとして、内外諸賢より忌憚のない教えを賜ることができるよう期待している。

◉目　次

序章

はじめに

本研究は、儒家貞節観の理論形成と社会実践の歴史的変遷、伝播のルート、貞節行為の原因及び貞節女性の実態を考察し、貞節観を称揚する徽州の貞節牌坊の特徴、影響と興隆の原因などを明らかにする、それを通じて、儒家伝統学説の社会管理機能を再検討しようとする試みである。

『中国大百科全書』は「牌坊」について次のように説明する。「牌坊は牌楼とも称し、一列の柱であり、空間を区別する建物である」[1]。この定義は広範で概括的であるが、牌坊の建築形式と功能については別途解説が必要である。（第Ⅲ部で詳述）

中国全土で牌坊の総数は約三〇〇〇基にのぼる。それらは中国の広範な地区に分布しているが、特にかたまって見られる地域もあり、特に安徽省南部の徽州地域は俗に「牌坊の故郷」として有名である。

貞節牌坊は多種にわたる牌坊の一種で、貞節女性を表彰する建物である。それらの貞節牌坊は封建王朝政府が、女性を儒学の思想規範に照らして審査、選定して建設された。貞節牌坊は貞節女性の事跡を記録し、貞節観を反映する物証である。従って、貞節牌坊とそこに表彰された貞節女性の研究を通じて往時の貞節観を考察することができると、筆者は考えている。

本章では、先行研究の状況と問題点について整理した上で、本研究の目的と論文の構成について述べる。

第一節　先行研究

ここで関連する領域の先行研究についてまとめておさえておきたい。

まず、中国の女性研究の状況を紹介する。中華民国成立以前、女性に関する書は『女誡』[2]『列女伝』[3]などの儒家の女訓書しか見られない。一九一二年、つまり清朝滅亡の一年後、反清の革命家であった徐天啸が著した『神州女子新史』[4]が、中国で初めての婦女史研究となった。その内容は、西洋女性の事跡を描き、中国の伝統的な女性を激励するものである。しかし、その書は『列女伝』とほぼ同様に史学界からはあまり重視されなかった。

五四運動を契機とする思想界の転機、すなわち五四時期には、社会の革新と儒家への批判が叫ばれるとともに、中国において未曾有の女性問題研究ブームが起こった。『五四時期婦女問題文選』[5]は、五四時期に著された文章を五五篇収録する。その内訳は「婦人解放」に関する文章が一八篇、「婚姻家庭問題」が一二篇、「倫理、道徳、貞節問題」が九篇、「婦人教育問題」が七篇、「男女社交公開問題」が五篇、他に、「女性経済独立と職業問題」「児童教育」「娼婦廃止問題」「産児制限問題」それぞれ数篇である。

一九二八年に陳東原は『中国婦女史』を著した。これは多くの歴史資料を引用し、話題も広範にわたっており、中国の女性史研究の開山の作と言われる。序文で陳東原は「三千年来婦女簡直没有什麼重要…［中略］…你細看她們被摧残的歴史，真是出乎你意想之外的」[6]（三千年来、婦女はまったく重要ではなかった、…彼女たちが迫害されてきた歴史をよく見れば、それは本当に想像もつかないほどである）と指摘している。陳東原のこの近代社会において被抑圧女性を「解放」しなければならない、との批判的観点は以後の数十年間、中国女性研究界の主流となった。現在でも多くの研究者は依然として陳東原の観点を前提として研究を展開するほどである。

次に、中国社会に広範な影響を与えた女性の規範書として取り上げるべきは、毛沢東の「四大縄索（四つの太い綱）論」である。中国共産党の女性解放の道筋を照らす理論となったこの論文は、毛沢東が一九二七年に出した「湖南省農民運動視察報告」[7]に見られる。毛沢東によれば、中国の男子はふつう三つの体系的な権力の支配を受けている。その一つは政権であり、国から省、県、村にいたる国家の体系である。二つには族権であり、本家の祖先廟、分家の祖先廟から家長にいたるまでの同族の体系である。もう一つは神権であり、閻魔大王、県の守り神から村の守り神にいたるまでの冥界の体系、および玉皇大帝から八百よろずの神と精霊にいたるまでの神仙――これらを総称した神様の体系である。この三つの権力のほか、女の場合にはさらに夫権、すなわち男子からの支配を受けている。この四種類の権力、政権、族権、神権、夫権こそ、封建的同族支配体系の思想と制度のすべてを代表するものであり、中国人民、特に婦人を縛り付けている四つの太い綱であるとする。彼は中国農民を縛る権力支配の構造を、この四種の権力の複合体に見出し、婦人の被抑圧が、実は地主支配に根源を持つものであって、地主権力＝政権を打倒することによってのみ、族権、神権、夫権の打倒が可能なのだと主張した。つまり婦人の解放を、男対女の関係で考えるのではなく、地主権力の打倒による社会変革によって実現しようと考えたのである。

毛沢東は女性問題の研究者ではないが、一九四九年一〇月一日中華人民共和国の成立を宣言し中国の最高指導者になってから七〇年代の彼の死にいたるまで、「四大縄索論」は国家の婦女問題の基本観点となるとともに、中国女性研究に大きく影響を与えた。例えば、中国婦女史研究の先駆者と言われる杜芳琴は、五四批判を反復し、政権、族権、神権、夫権、それら婦女の心身を強く束縛している四つの縄の亡霊は、現在でも消えていないと述べている[8]。

しかし毛沢東以後、台湾とアメリカなどから、従来の「五四女性観」に対して疑問の声が挙がった。代表的なものは高彦頤（Dorothy Ko）の『閨塾師：明末清初江南的才女文化』（一九九三年）である。著者は序論で次のように指摘している。

悲惨な伝統女性の「五・四」人物像は中国の国民党と共産党の政治運動によって強化された——もし、「伝統」女性が圧迫を受ける悲惨な状態でなければ「婦女解放運動」も言えなくなり、解放運動がないと現代的新中国の構想もなくなるだろう。（中略）圧迫を受ける「封建的」な女性像が根強い原因は、ある程度分析面の混乱から生ずるのである、即ち、「即錯誤地将標準的規定視為經歷過的現実」（標準の規定を経過した歴史的史実として看取られたのである）そのような混同が出るのは歴史的な考察が不十分だからである。つまり女性自身の立場から女性の世界を考察していないのである。（中略）伝統に対して、「五四」の批判自身は我々に二〇世紀の中国現代化の想像的な青写真を多く教えた、伝統社会の本質とは言えない…最も重要なことは、婦女の歴史は必ず中国史の全体の奥深くに置かれなければならないということである。[9]

その他、伝統女性の生活に密着した女性史もある。たとえばSusan MannのPrecious Records : Women in China's Long Eighteenth Century[10]は、史実から女性の生活を記録し、中国婦女の美徳と社会的地位の関係を検討した。

このように中国女性研究は、社会革新需要の基本的観点から伝統的な女性の「真実」の生活を探求する方向へ転化している。つまり、周紹明の一九世紀における妻の家庭財産権の研究が主張しているように[11]、「女性不応做什么」（女性は何をするのが禁じられているか）から「她們実際做了什麼」（彼女たちは実際に何をしたのか）へと研究の重心が移行したといえる。

したがって目下中国においては二つの主張、つまりは「五四女性観」の主張と伝統女性の史実を重視すべきとする主張が並存しているのが現状と言える。前者に代表的なのは杜芳琴、李小江[12]等の中国大陸の研究者が多く、後者はSusan Mann、高彦頤等の中国大陸以外の海外研究者を主とする状態であり、近年では特に、後者の観点の影響が次第に広くなっていると言えよう。

それでは、本研究の対象である貞節牌坊と貞節観に関する研究状況はどうであろうか。貞節観研究は以上の女性研究と歩調を合わせるかたちで展開している。新文化運動時期の知識人たちの貞節に関する論文、例えば、胡適の「貞操問題」、魯迅の「私の節烈観」などは、女性解放の立場から議論している。『中国婦女史』（一九三七年初版）において陳東原は、貞節観の歴史に簡潔に言及している。さらに同年公刊された董家遵の「歴代婦女節烈的統計[13]」は、節婦烈女の人数統計を研究したものである。陳東原と董家遵の著作は、貞節観と節婦烈女に関する研究の先駆けとして位置つけ、評価しなければならない。これらはいずれも、現代的な社会構造の改革と女性解放の呼びかけを目的とし、貞節観に対しては全般的に否定する立場を取っている。

文化大革命の空白期以後、一九八〇年代から、貞節に関する研究論文が次第に公刊された。胡発貴[14]（一九九〇）は「従婦女守節看貞節観在中国的発展[15]」に清代貞節観に関する論戦の研究である。蔡凌虹の「従婦女守節看貞節観在中国的発展」は節婦の年平均数を提出して、貞節観の変化を示す研究である。費絲言『由典範到規範――従明代貞節烈女的辨識與流傳看貞節觀念的嚴格化[16]』はタイトルが示すように明代の貞節観の厳格化過程をたどる研究である。章義和、陳春雷は『貞節史[17]』で陳東原の研究結果の上に貞節観変遷史を述べているが、新しい成果は見いだせない。これらの研究はほとんどすべて、歴史的文献から論を展開するものであるが、貞節牌坊と貞節女性の史実からアプローチした研究は見られない。

次は貞節牌坊の先行研究を見てみよう。近年、貞節牌坊を含む牌坊に関する研究は盛んである。宋子龍、晋元靠の『徽州牌坊芸術[18]』（一九九三）、万幼楠の『牌坊・橋[19]』（一九九六）、韓昌凱の『北京的牌楼[20]』（二〇〇二）、馮驥才等『古風――中国古代建築芸術・老牌坊[21]』（二〇〇三）、薛冰、張錫昌の

『江南牌坊』[22]（二〇〇四）、金其楨、崔素英の『牌坊・中国』[23]（二〇一〇）など、牌坊の宣伝と研究書類が多数公刊されているが、これらはすべて牌坊の写真が主であり、牌坊の外形と簡単な歴史を紹介するにとどまっており、牌坊に表彰される人物とその思想行為、及びそれら行為を支配する社会倫理規範システムなどを深く研究するものは見られない。

貞節牌坊及び貞節に対して、言及する際、論者たちは五四時期から今日にいたるまで、儒学思想および当時の社会に対してきわめて単純な批判ばかり反復してきた。いくつか例を挙げるとすれば、上述の『貞節史』の序文で、著者は貞節に対して次のように述べる。

対於災難深重的女性来説，它是一付套在脖颈上的枷鎖・・・一堵封闭的厚墻，一個囚禁的牢籠・・・殺人不见血的屠刀，而支撑貞節的則是社会特別是男性的罪悪。[24]（ひどい災難中の女性にとって、貞節は女性の頸に付けられている首枷であり、閉鎖された厚い壁であり、人を監禁する牢獄であり、・・・人を殺しても血の跡を残さない刀である、そして貞節を支えるのは社会、特に男性の罪業である）。

あるいは、貞節牌坊と貞節女性に対して劉達臨は「中国の大地には、住民の他に、いたるところでみられる二種類の建造物があった。すなわち、廟宇と貞節牌坊である。（中略）それらの牌坊の下には、女性の血と涙がどれだけ埋もれているかわからない。」と言う。[25]

さらに、金其楨／崔素英（二〇一〇）は貞節牌坊に対して次のように強く批判している。

樹立貞節牌坊就是封建统治用来旌表和褒扬“貞女”“節婦”，以欺骗、毒害、蒙蔽、束縛広大婦女，維護封建統治秩序的一種重要手段。（中略）可以説每一座貞節牌坊後面都有一部婦女的辛酸的血泪史；（中略）這一座座貞節牌坊…同時也是宣揚封建礼教的標本，是封建礼教這把殺人不見血的軟刀子愚弄、摧残、迫害婦女的歷史見証。[26]（貞節牌坊を建てるのは封建統治者がそれを通じて貞女・節婦を表彰し、多くの女性を毒し、欺き、束縛することで、封建統治秩序を維持する一つの重要な手段であった、貞節牌坊の後ろには婦女の悲惨な血と涙の歴史があり、その一つ一つの貞節牌坊は封建礼教を宣伝する見本で、封建礼教が鋭い刃物と同じように婦女を愚弄し、陵辱する歴史的証拠である）。

このように、批判者たちは貞節牌坊に女性の「血」と「涙」のみを見出し、貞節牌坊に反映される貞節観を、女性を迫害する手段としてしか見てこなかった。

そのような風潮の最大の原因は政治的なもの、具体的には一九四九年以降の政府の宣伝と強調によるる。だが、それを考慮しても、貞節牌坊とその背景にある貞節観念の社会的要素についての研究と認識がこれまで不十分であったことが指摘されねばならない。たとえば貞節理論とは具体的に何を指しているのか、それはどのように形成され、社会はなぜそれを提唱し、女性自身もそれを受け入れ積極的に実践してきたのか。これらの基本的な問いに対してすら、上述の研究及び批判は十分に答えていない。これらの問いに答えるためには、ただ貞節を批判するだけでなく、貞節に対してより包括的な見方が必要とされるはずである。上述の問いのほか、貞節牌坊の現状と牌坊に表彰された貞節女性の事跡調査、およびその背後にある貞節観についてはほとんど未解決のままなのである。

第二節　本研究の目的

中国各地の牌坊と貞節牌坊は地元政府には観光資源として重宝されているが、思想研究界では軽視され周辺的な存在となっており、貞節牌坊の研究にいたってはさらに軽んじられている。つまり、牌坊と貞節牌坊についての様々な面での研究は十分に進んでおらず、貞節牌坊に表彰される貞節女性に関する事績もほとんど明らかにされていない。

そこで本研究では、前述の先行研究を踏まえたうえで、牌坊と貞節牌坊の実態調査から貞節女性と貞節観の考察を試みたい。

貞節牌坊の表面には貞節女性の名前と彼女らを讃える言葉がある。建てられた当時これは、貞節女性とその家族全員の名誉と栄耀であったが、五四新文化運動以後その建物は女性を抑圧する儒家学説の罪業の証拠とされ、貞節牌坊も封建社会貞節観を具体的に反映するものとされた。これまでの貞節観に関する研究は史料と理論面からのアプローチが主流であったが、貞節牌坊から貞節を扱ったものは少なく、そこには埋められていない空白が多い。そこで本論文は、徽州地域の牌坊と貞節牌坊を調査することで、従来の誤った指摘を再検討し、これまで論及されてこなかった問題点を明らかにする。

このために本研究では次の五つの点に着目する。

第一に、歴史的文献、特に儒学に関する歴史的文献から貞節理論の形成過程と貞節観を社会に実践された歴史的過程を明らかにしたい。

第二に、貞節理論の形成と貞節観を社会に実践された歴史的過程に、貞節観の伝播の特徴、及びその過程で女性が主動的に貞節観を受け入れた原因を探る。

第三に、貞節観の伝播過程から生じた節婦烈女の分類、定義及び数量比例を明確にし、貞節女性階層の規模の把握を試みたい。

第四に、徽州地域の牌坊と貞節牌坊の調査を視野に入れ、それらの実態、機能、特に貞節牌坊に表彰された貞節女性の名前と事跡を調査する。貞節牌坊の興隆の原因を探る。

第五に、貞節観をめぐる論争を考察する。

つまり、本研究では儒家の貞節観が如何なる歴史的過程を経て形成・導入、そして実践されてきたものであるか、徽州地域の牌坊と貞節牌坊の調査を行うことによって、貞節観はどのように社会に受け入れ、実践されたのであるかについて研究を行う。そのうえで、儒家伝統的貞節観及び女性観に対する近現代の否定的な理解を修正していくことを試みたい。

次に本論文においては調査対象を現在の安徽省南部、かつては徽州と言われたところの牌坊と貞節牌坊に限定して考察する。なぜならその地域は中国の牌坊、特に貞節牌坊が多く集中する地域であり、さらには第五章で詳述するように、この地域の儒家教育、貞節観が他に比べて特に強かったからである。また本論文の調査資料としては、貞節牌坊と貞節烈女に関する歴史的文献、徽州地方誌、『列女伝』などの古書を考察の視野に入れ、そのほか新文化運動以後の中国女性に関する研究作品とくに貞節観と貞節牌坊と関係するものを中心に考察を進める。

以上の研究を通じて、貞節牌坊、貞節女性、貞節観及び儒家の女性倫理規範に関する認識を以前より明確にすることができ、貞節牌坊及び貞節観研究に貢献できると思われる。

第一章と第二章、第三章と第四章の主要な研究方法は貞節に関係する文献調査であり、第五章、第六章では現地調査方法を主とする。また、歴史的な貞節烈女生活状態や地元の評価などの実態を把握する為、徽州貞節牌坊の周辺の村民の家庭訪問調査を行った中から、地元の長老のインタビューを付録として付けた。現代の地元の人々の貞節牌坊観を表す一証言として参考とされたい。

第七章では、前章の調査と論述の上に、貞節思想をめぐって論争を考察し、筆者の議論と評価を展開する。

第三節　論文の構成

本研究は三部の構成をとり、第Ⅰ部では、貞節理論の形成と貞節の社会実践の歴史的過程について考察する。第Ⅱ部では、貞節観伝播のルートと伝播過程において女性が貞節観を受け入れた原因、貞節女性の分類、人数について考察する。第Ⅲ部では、貞節理論・実践と伝播の具体的な史料の牌坊と貞節牌坊を取り上げて探っていく。

各章は以下のように構成されている。

第Ⅰ部「貞節観理論の形成と実践の歴史的過程」は第一章と第二章から成る。

第一章においては、時代順に、貞節理論の萌芽・登場・完成の形成過程について考察を行う。儒学思想歴史から貞節の理論の考察を通じて、貞節理論の由来と変遷の軌跡を跡づけ、さらに貞節理論が儒家思想システムの一部分であることを明らかにする。また、伝統的陰陽学説から儒家の「男尊女卑」思想の由来及び道教の男女平等思想の考察を通じて、貞節観を含めて、伝統学説の男女倫理思想を探る。

第二章では、国家と民間の貞節実践過程を考察する。貞節理論の変遷は、つねに実践と切り離しえない過程でもある。その実践は歴代官府の貞節表彰政策の施行と『女誡』などの女訓書を通じて、生活の中に貞節理論を浸透させる過程であった。そのような歴史上の貞節観の実践過程について考察し、国家が如何に貞節理論を運用し、貞節表彰制度を実行したのか、一方人々のあいだで『女誡』などの儒家の女訓書がどのように普及・教化したのかを考察していく。

第Ⅱ部「貞節観の伝播と守節原因、節婦烈女の分類と統計」は第三章と第四章から成る。

第三章では、中国封建社会の特徴からどのように貞節観が伝播／流通したのかを分析する。また、貞節観の宣揚と伝播過程においてなぜ各地の女性は積極的にその貞節観を受け入れ、日常生活に貞節行為を実行したのか、その原因を分析する。貞節観は中国でどのように次第に広がったのか、いつから、もしくはどこから厳格になったかという問題を検討するには、地域的差異、経済と儒家文化教育レベルの差異、階層の差異、人口の密度と分布差異などの要素を含めて総合的に考える必要がある。本章では貞節観が厳格になる傾向及び伝播の軌跡を明らかにする。

ここで強調しておきたいことは、確かに貞節思想の理論形成と歴代政府の実践が女性貞節行為の主要な原因であったとしても、それが原因の全てではないということである。新文化運動、及びそれ以後「儒家の女性倫理は女性への抑圧である」とする批判が多く見られるが、それらの論者はなぜ女性自ら自主的にその規範に服従し、貞節烈女になろうとしたのかを十分に考慮していない。ここで指摘しておくべきことは、理学が寡婦の再婚に反対した一方、社会の安定と人口増長などのために、歴代の政権は実際には寡婦の再婚をつねに支持していたということである。これらの寡婦再婚の優遇政策にもかかわらず、「守節」の貞節女性が依然として多かったという事実を見過ごすことは出来ない。したがって本章では、「守節」女性の立場から貞節行為の原因を探ることにしたい。

第Ⅲ部は徽州における牌坊と貞節牌坊の状況について実例をもとに分析を試みる。「守節」「貞節」「貞節烈女」との言葉はしばしば耳にするが、一体それらが何であるかに対しての理解は一致していない。また、貞節牌坊に表彰されている貞節女性の存在について考察する必要がある。そこで第四章では先行研究の見解を整理し、「貞節」と「節婦烈女」の定義と種類、歴代貞節女性の人数の統計の考察を通じて、歴代貞節女性階層の人数規模と変化の状態を考察する。その変化状態から貞節観の変化も明らかになるだろう。さらに、貞節女性の権力問題を取り上げることによって、貞節と貞節烈女についての認識を一層明確にすることが可能となる。

第Ⅲ部「牌坊・貞節牌坊と貞節に関する論争」は第五章から第七章までの三章から成る。

第五章から第六章においては、二〇〇二年以来中国安徽省南部の徽州地域にて行った調査資料を基に、筆者が自ら調べた牌坊と貞節牌坊の様子をはじめ、牌坊と貞節牌坊の特徴、機能などを考察する。

第五章では、徽州地域の地理と社会の特徴、牌坊の歴史と分類について述べ、これら各項目について分析を加えることにより、牌坊の歴史、特徴などの全容について明らかにする。

貞節牌坊は第五章において論述する牌坊との共通性を持つほかに、それぞれ特徴を備えている。第六章では徽州地域の貞節牌坊の実態の調査を通じて、貞節牌坊について概説した上で、その形態、数などの推移をおさえる。さらに代表的な碑文を読むことにより、その今日的意義を考察し、貞節牌坊とそこに表象される貞節烈女生活の実態を明らかにする。

第七章では、歴代の貞節観に関する観点の論争及び一九四九年以降の現代における女性観について検討する。特に共産党政権の「女性解放」政策などを取り上げて、その女性観を明らかにしたい。

終章の結論では、各章の考察に基づき、貞節思想の理論と実践の変遷の全体図を解明し、序論において設定した目的にそって考察をまとめる。一体貞節観とは何であるか、それらの貞節観はいかなる歴史的過程を経て形成、導入され、社会に実践されてきたものであるかのメカニズムを述べる。その際特に、以下の二点に焦点を当てて論じたい。一つは、貞節観が儒家思想システムと切り離しえない一部分であること、そしていまひとつは以上の考察によって新文化以来の貞節批判があまりにも行き過ぎであり、認識をあらためる必要があるのではないか、ということである。

また、結論では、本論を総括すとともに、今後の課題について述べる。

注

1　中国大百科全書編集委員会『中国大百科全書』の「建築・園林・城市規画」、中国大百科全書出版社、一九八八年五月、一三三頁。
2　班昭（四五～一一七？）は『女誡』七編を著わした。同書は以後歴代女性の教訓書になった。
3　歴代の『列女伝』は多いが主なものとして西漢の劉向と明代の徽州人、汪道昆に編集された列女伝がある。貞節女性の名前と事跡を簡単に記録している。
4　初版は上海神州図書局、一九一三年。本稿では台北食貨出版社、一九八八年版を参照した。
5　中華全国婦女連合会婦女運動歴史研究室編、生活・読書・新知三聯出版社、一九八一年。
6　陳東原、二頁。
7　毛沢東「湖南農民運動考察報告」、一九二七年三月週刊『戦士』に初出。『毛沢東集』1、毛沢東文献資料研究会編、北望社、一九七二年、二三五頁～二三七頁参照。
8　杜芳琴、一九八八年、一三頁、三七八頁。
9　高彦頤著、李志生訳、二〇〇五年、二頁～五頁。
10　Susan Mann（恩素曼）『Precious Records : Women in China's Long Eighteenth Century』定宜庄、颜宜葳訳《綴珍录 - 十八世紀及其前后的中国婦女》、江蘇人民出版社、一九九七年。
11　周紹明（McDermott Joseph）（一九九〇）: 13-30、一四頁。
12　李小江、一九八八年、一四五頁～一四九頁　参考。

13　董家遵「歴代婦女節烈的統計」一九三七年七月『現代史学』三巻二期。董家遵『中国古代婚姻史研究』、広東人民出版社、一九九五年。
14　胡発貴、一九九〇年。
15　蔡凌虹、一九九二年四期。
16　費絲言、一九九七年。
17　章義和、陳春雷、一九九九年。
18　宋子龍、晋元靠、一九九三年。
19　万幼楠、一九九六年五月。
20　韓昌凱、二〇〇二年九月。
21　馮驥才等、二〇〇三年。
22　薛冰、張錫昌、二〇〇四年。
23　金其楨/崔素英、二〇一〇年。
24　前掲注17、一頁。
25　劉達臨著、木博訳、二〇〇三年、二八六頁。
26　金其楨、二〇一〇年、一六三頁。

第Ⅰ部　儒学貞節理論の形成と実践の歴史的過程

第一章　儒家貞節理論の形成と男女倫理に関する伝統的学説

はじめに

本章においては、貞節理論とは何か、そしてそれはどのように形成されたか。時代順に、貞節理論の萌芽・登場・完成の歴史的過程を考察する。

周知のように、貞節の理論は儒家学説の登場・発展と密接に繋がっている。なお、中国儒学史の進展から考察すれば、貞節観の理論内容の形成は三つの主要な歴史的段階を経たことが分かってくる。即ち、貞節理論の形成期・完成期・衰退期である。漢代の礼教形成期に貞節理論が登場し、宋の程朱理学形成期に貞節理論体系の完成と厳格化が見られ、五四新文化運動期間に貞節観に対する批判が起こるとともに貞節観の衰退開始期となる。

以上の貞節理論の形成過程の全体の考察を通じて、貞節理論の由来と変遷の軌跡、及び貞節理論は儒家思想システムの一部分であることを明らかにすることができると考えられる。

また、儒家学説は何故、フェミニストに「男尊女卑」などとよく批判されている貞節思想を主張するのであろうか。儒家のほか、中国道家などの伝統的な学説は男女関係に関してどのように主張しているであろうか。本章の後半では、儒家の「男尊女卑」と道家の「男女平等」の理念を取り上げて、伝統学説の男女関係の理念を明らかにする。それらを通じて中国の伝統貞節思想に対する認識を一層全面的に理解することを目的とする。

第一節　先秦時代における貞節の理論的萌芽

儒家の学説は先秦時代の春秋戦国時期に生じた学説の一派である。先秦時代は紀元前十六世紀、夏朝が商王に滅亡されてから西周と東周王朝を経て、紀元前二二一年に秦の始皇帝が六国を滅ぼし、戦国時代を終了させ、中国を統一するまで約一三〇〇年間の歴史がある。儒家学説はこの時代の後半にどのように誕生したのか、ここではこれに関してまとめておく。

1.1.　春秋戦国時代と孔子の儒家学説

先秦時代の東周（B.C.770～B.C.256）王朝の政権は紀元前八世紀末から急速に衰え、秩序は混乱し綱紀は頽廃し、長い動乱期が始まった。その初めの時期を春秋時代（B.C. 七七〇～B.C. 四〇三年）[1]と呼ぶ。このころ中原の大小諸侯の国々に地方政権として乱立し、王者に代わり実力をもって諸侯の長となる覇業を目指すものが続き、春秋時代の特徴をなした。[2]

春秋末期における諸侯間の抗争・会盟はますます激化し、多くの国々は次第に統合されて、歴史は戦国時代に入った。[3] 諸侯やその家臣が争っていくなかで、富国強兵をはかるためのさまざまな政策が必要とされた。それに答えるべく下剋上の風潮の中で、下級の士や庶民の中にも知識を身につけて諸侯に政策を提案するような遊説家が登場した。諸侯はそれを食客としてもてなし、その意見を取り入れた。多くの思想家がその春秋戦国時代に誕生することになり、現れた学者・学派の総称は「諸子百家」と呼ぶ。「諸子」は孔子、老子、荘子、墨子、孟子、荀子などの人物を指す。「百家」は儒家、道家、墨家、名家、法家などの学派である。この時期は中国思想史における黄金時代となり、現代にまで影響を及ぼしている。

　この春秋時代の末に活動した孔子（B.C. 五五一～B.C. 四七九）は、名は丘、字は仲尼。春秋末期に魯国（現在の山東省南部）に生まれる。政争の末に母国を追われ、諸国を遊説した。孔子の主要な倫理思想には、「道」と内面的な「仁」「忠」及び外面的な「礼」などがある。孔子の説く道は、人の守るべき正しい規範であり、人倫秩序としての「人の道」であった。「仁」は人を愛する、「忠」は自分を偽らない誠実さである、「恕」は他人への思いやりを意味する。「礼」はもともと国家の形式的きまりであり、法律と礼儀作法を含むものを意味した。孔子はこれを「共同体や人間関係の中で、人が従うべき儀礼や習慣」と広く捉え直し、内面的には仁に基づいていなければならないとしてその内容を深めた。

　孔子を開祖とする原始儒家の運動は、現在の山東省を根拠地として黄河流域に拡散しはじめたのである。

　孔子は儒家学説の創始者であり、以後の貞節観は彼の学説を理論の基盤として次第に発展したものあったと考えられる。しかし、そのときの社会には貞節観念はまだなく、それゆえ男女間の関係もまた自由であったと言える。

1.2. 先秦時代の男女関係

貞節理論は主に男女間の関係についての倫理規範である。先秦時代には男女間の性関係のパターンも次第に変化しており、婚姻関係は「略奪婚」（略奪の婚姻）から「売買婚」（売買婚姻）になり、父系時代には「宗法家族制度」が段々と形成され、中国は周代に「宗法社会」の時代に入った。[4]

宗法組織において家父長は家族の統制権を握る。その時代にその後の中国婚姻形式に強く影響する「六礼」[5]制度も形成された。婚姻関係を斡旋する媒酌人の職業が現れ、「媒酌婚制在東周時代是已確立了」[6]（媒酌結婚の制度は東周時代にもう確立した）。しかし、その時代の礼制はまだ厳しいものではなく、男女関係は「淫乱」であったといえる。春秋戦国時代の国君と母の母子相姦、[7]兄妹相姦[8]なども存在し、社会下層の自由な性関係についての記載は『詩経』によく見られる。

当時、その時代に「百家争鳴」の思想家たちはその男女間の性愛問題の検討をも始めていた。たとえば『詩経・周南・関雎』[9]は有名な男女情愛の詩であるが、孔子はこの「関雎」の演奏を聴いた後、「師摯之始、関雎之乱、洋洋乎盈耳哉！」[10]（楽官である摯の歌いはじめから関雎の終わりまで、洋々として耳に溢れる様だ）と言ったという。孔子は「関雎」などの男女情愛の詩を批判せず、男女情愛の存在を肯定した。『礼記・礼運』に男女性欲に対して次の名言がある、「飲食男女、人之大欲存焉。……是則食色二端、為人本性、人人各遂其飲食男女之欲、則淫盗之悪息。至于食色二端加以限制、使之不能随其性、則淫盗遂生。」（食と欲は人の本性であり、人々はその飲食男女の欲を遂げるなら、邪淫と窃盗の悪が消えるのである。食と欲が制限されると、その本性を満足させることができなくなり、邪淫と窃盗の悪が発生するのである」）、ここに、孔子は男女関係に関する明白な観点を提出した。続いて、孟子は「食、色、性也」（食事と男女性欲は人の固有の天性である――『孟子・告子上』）と指摘した。

『礼記』は「五経」の一つで周代から漢代までの古礼に関する規定とその精神を記述し、儒教の基本的経書であると認められている。その「飲食男女、人之大欲存す」という性欲を肯定する素朴な思想から、その時代の男女間の寛容な性関係を読み取ることができる。

紀元前二二一年、秦の始皇帝は中央集権を強化する為に、文字統一、銭幣統一などの措置を行う以外にも思想弾圧を行った。思想書が焼かれたり（焚書坑儒）、儒者を生き埋めにして殺すなどの非業な行為が行われると同時に礼教を強調した。司馬遷は「秦有天下、悉内六国礼儀、采択其善」[11]（秦は天下を統一して、六国の礼儀中のよい部分を選択して採用する）と言ったが、秦王朝は一四年間のみ存在したので礼儀理論の体系は未完成のままであり、それゆえ貞節理論も当然未形成であった。

第二節　漢代における貞節理論の登場

短かった秦王朝の後、長い漢王朝が始まった。漢代は一般に礼教形成の重要な時代と認められ、礼教理論、三綱五常、三従四徳などの倫理規範はすべてその時代に生じたものであり、それ以後の中国社会、特に貞節の理論の誕生に深く影響を与えた。

2.1.「三綱五常」理論の誕生

漢代は、紀元前二〇六年に劉邦が皇帝すなわち高祖になってから紀元二二〇年後漢の滅亡まで、前後約四〇〇年間の歴史を有する。

漢の建国初期に高祖は、秦政府の大臣叔孫通に礼法を編纂するよう命令した。後漢の光帝も「招致儒術之士、令共定義」（儒家の知識人を集め、国家の大事を議論する）など儒家を重用し、中央政府の重視と努力により以前は曖昧であった礼制は体系化されることになる。

特に紀元前一三四年に儒家の董仲舒は[12]『挙賢良対策』を上梓し彼の哲学思想を朝廷に提出した。思想統一を求める有名な次の言葉は、第三策の結びに見える。

> 今、師ごと道を異にし、人ごとと論を事にし、百家は方を珠にして指意同じからず。是を以て上一統を持するなく、法則しばしば変じて、下守るところを知らず。臣愚以為えらく、もろもろ六芸の科・孔子の術に在らざるものは、皆その道を絶ち、並び進ましむるなかれ。邪辟の説滅息して、然るのち統きべき、法度明かなるべき、民は従うところを知らん。

即ち、儒家の学説で各種の思想を統一しなければならないという提案である。

この意見が採用され、五経博士の設置となって具体化する。以後、官僚たらんとする者は、儒学の研修または儒家道徳の実践者に限られ、士大夫の条件、並べて人間の教養は、その拠りどころを儒学に求めるという体制が開かれた。儒教は唯一の正統思想として承認され、国教としての地位が確立したわけである[13]。

このように儒家による思想統一は政治・社会的要請であったが、董仲舒もまたその要請に適応するように、儒家学説を改造し再解釈した。彼の解釈は儒学に「天人合一観」と「陰陽二元論」を取り入れ、時代に適応した哲学を大成したものである。その根本原理は天人相関説である。これは自然に陰陽があるように人事にも陰陽があるとし、この陰陽を媒介として自然—天と人間—君主との相関を理論化したもので、ここから彼独特の災異説と陽尊陰卑の王道論を展開した。

自然現象の変調（災異）と君子の行為（政治）がいかにして結びつくのか、その関係づけに陰陽の理が使われる。陰陽は宇宙万象における二元対立関係の象徴で、陰はマイナス、陽はプラスを示している。相反と応合の論理をもつが、それらは必ずしも抗争しているのではなく、互いに補いあう性質のものである。陰長ずれば陽消え、陽盛んなれば陰衰え、この消長盛衰が万物の発展となり、万象の錯綜となる。つまり自然万象を動態的にとらえ、その起動する所以の原理を二元的消長作用に帰するのである。董仲舒によると、自然だけでなく、人間にも陰陽の二気があり、政治が宜しきを失すると、民衆の不平と怨嗟が「邪気を生じ」、人間の陰陽は乱調となる。君子は「天に順って徳を養い」、専断をさけて善政をしき、陰陽の調和をはからければならない。

第七代皇帝武帝は儒教を国教と定め、孔子を神として奉じ廟を建てて祀った。このように董仲舒は、春秋戦国時代の黄帝信仰・道家思想・陰陽五行などの学説を儒教に取り込んだ。

董仲舒はまた「三綱五常」（君為臣綱・父為子綱・夫為妻綱）を唱え、武帝はそれを神聖視した。三綱五常とは、「陰者阳之合，妻者夫之合，子者父之合，臣者君之合　……王道之三綱可求于天（君主・父・夫は絶対的な統治権力者であり、臣下・子・妻はそれに服従しなければならない、これが天の意思だ）。」と規定するものであり、人として常に行い、重んずべき道のことである。細かくすれば、「三綱」は君臣・父子・夫婦の間の道徳、「五常」は仁・義・礼・智・信の五つの道義である。董仲舒は『春秋繁露・基義』の中に「君為陽、臣為陰、父為陽、子為陰、夫為陽、妻為陰。」と言う。その上、彼は「三綱」の理論を述べ、その理論を基礎として、東漢の史学家班固は「三綱五常」を次のように解説する。

三綱者何謂也？謂君臣、父子、夫婦也。……故君為臣綱，父為子綱，夫為妻綱[14]，『五常者何？謂仁、義、礼、智、信也。仁者，不忍也，施生愛仁也。義者，宜也，断決得中也。礼者，履也，履到成文也。智者，知也，獨見前聞，不惑於事，見微者也。信者，誠也，専一不移也[15]』。

（三綱はなんであろうか、君臣、親子、夫婦の間の道徳である。君は臣の綱たり（君は臣にとってその全行動様式の根本となる絶対的な存在である）、父は子の綱たり、夫は妻の綱たり。五常はなんであろうか？仁、義、礼、智、信の道義である、仁とは、広く人を愛することである。義とは、人の歩んでいく正しい道のことである。智とは、人や物事の善悪を正しく判断する智慧である。信とは、心と言葉、行いが一致し、嘘がないことで得られる信頼である。）

「綱」は綱を支える太い縄である、総的な原則を指す、この「三綱」は後の長い封建時代の正統の人間関係と道徳倫理の総規範になった。

これは貞節観を生んだ思想の基礎であり、孔子と董仲舒は貞節理論の基礎を作った思想家と言える。

2.2.「三従四徳」の思想

「三綱五常」以後、貞節思想理論の重要な一部分として「三従四徳」が漢代に登場した。ここで儒教の教えである三従とは、「嫁に行くまでは父親に従い、嫁に行ったら夫に従い、夫が死んだら子供に従う」ことである。四徳は、「女性らしい道徳、女性らしい容姿、女性らしい言葉遣い、料理や裁縫の技術を身に付ける」ことを意味している。「三従」は最初『儀礼』のなかで現れ、その原文は「婦人有三従之儀、無専用之道、故未嫁従父、既嫁従夫、夫死従子[16]」である。そこでの「三従」は女性の差別待遇ではなく、喪服の様式を家族の男性に参照して従うことを意味していた。つまり「三従」は未婚の女性は父親の喪服と同じものを喪服とし、同様に既婚女性は夫の喪服に、未亡人であれば子供の喪服の規定によって喪服を着、婦女専用の喪服がないとの意味であった。

儒教ではそれに「四徳」を加え、「三従・四徳」が女性の道徳の基本とされた。この「四徳」とは、「婦徳」（女として守るべき道徳）、「婦容」（女として素直な態度）、婦功（妻としてなすべき仕事）、婦言（女としての言葉遣い）のことである。「四徳」は最初に『礼記』中に記載されている言葉であり、『礼記・昏義』の記載によれば、結婚前の三ヶ月間に女性におしえられなければならないものであった。さらに班昭はこれを「四徳行」と言い、唐の時代には孔穎達の『礼記・昏義疏』に「未嫁之前，先教以四徳」（結婚前に、四徳を教える）という言葉が確認される。

このように「三従四徳」と「三綱五常」は、以後の女性教育の原則として人々に熟知された行為規範となった。

第三節　宋代の理学と貞節理論の完成と強調

宋代は紀元九六〇年に趙匡胤（九二七年～九七六年）が河南開封で「黄袍加身[17]」して北宋を建国してから一二七九年の南宋の滅亡まで、併せて三一九年間の歴史がある。宋代は中国思想転換期[18]と言われている。漢唐以来の儒家学説は宋代に「理学」または「宋学」という新儒学の段階に入り、貞節理論は宋代儒者の新しい論述の登場と共に段々厳しいものとなっていた。

3.1.　理学の登場と社会背景

宋代の文化の特色としては、国粋的な文化であったこと、士大夫[19]を中心とした学問・文芸が発達したこと、そして商工業の発達によって力をつけてきた都市の庶民が文化の担い手となり庶民文化が栄えたことなどがあげられる。宋は軍事的に弱体で北方民族の圧迫に苦しめられたため、その文化は国粋的なものとなった。そのことは学問・思想の面によく表れている。儒学では宋学がおこり、南宋の朱熹によって集大成された。宋学は、唐代までの儒学が経典の字句の解釈を中心とした訓詁学であったことへの批判から、細かい字句の解釈にとらわれず、経典を自由に解釈し、儒学の精神・本質を明らかにしようとした新しい学問である。

宋学は北宋の周敦頤（一〇一七～一〇七三）に始まった。周敦頤は「太極図説」を著し、太極と名づける宇宙の本体から万物・人間・聖人が生ずるとし、人は学んで聖人になりうると説いて宋学の始祖とされた。彼の説は弟子の程顥（一〇三二～一〇八五）・程頤（一〇三三～一一〇七）によってさらに発展させられた。周敦頤・程顥・程頤らの学説を発展させて宋学を集大成したのが南宋の朱熹（朱子、一一三〇～一二〇〇）である。朱熹は、「理気説（理気二元論）」（宇宙・万物は、理と気からなる。理は人・物の性（本性・本質）であり、気は物質・存在を意味する。この理と気が結びついて万物が存在するという二元的存在論）に基づいて、これを人間の道徳に応用し「性即理」（心の本体である性は理であるから、気（欲望）を捨てて理にしたがって生きることを理想とする倫理説）を説き、その学問方法として「格物致知」（物の理をきわめて、知をつくすこと）を唱えた。そして従来儒教の経典とされてきた「五経」よりも「四書」（大学・中庸・論語・孟子）を重んじた。漢民族は古くから中華思想を持ち続け、自らを中華と誇り、周辺の異民族を蔑視してきた。ところが南宋は華北を金に奪われ、金に臣下の礼をとらざるを得なかった。朱熹は北宋の司馬光らも唱えた「大義名分論」（上下関係の秩序を重んじ、君臣・父子の身分秩序を正そうとする思想的立場）・「正統論」を唱え、華夷の区別を論じ、「資治通鑑綱目（通鑑綱目）」を著して君臣・父子の道徳を絶対視して宋の君主独裁制度を思想的に支えた。

宋学は、朱熹によって集大成されたので朱子学とも呼ばれ、また程朱学・理学・性理学とも呼ばれる。朱子学はその後長く儒学の正統とされ、朝鮮や日本の思想に大きな影響を与えた。李氏朝鮮（李朝）は朱子学を官学とし、江戸幕府も統治理念として朱子学を採用した。朱熹とほぼ同時代に活躍した南宋の陸九淵（陸象山、一一三九～九二）は、朱熹の「性即理」説に対して「心即理」説を唱えた。彼は宇宙本体の理は個人の心であり、心をさぐれば理が見いだせると説いて朱熹と対立し、朱熹が学問・知識を重んじたのに対し、道徳の実践を重んじた。その説は明代に王守仁（王陽明）に受け継がれ、陽明学の源流となった。

3.2. 理学と儒家の関係及び主要な貞節観点

宋代以後の中国において理学は、新儒学として社会の正統哲学になった。儒学と理学の関係は下図のように表すことが出来る。[20]

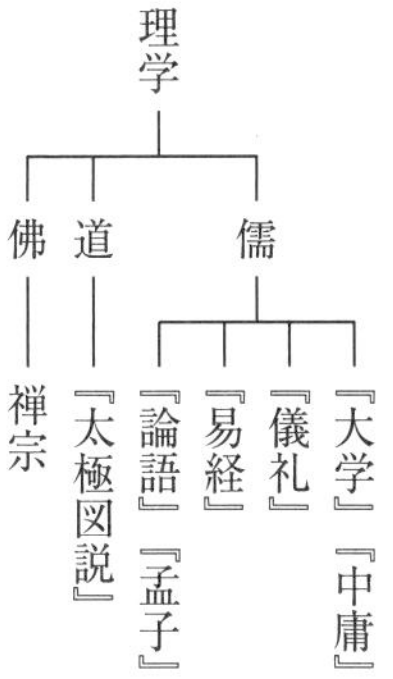

上の図の通り理学は伝統儒教と佛教、そして道教から進化した新学説である。宋の儒者たちは漢唐以来の儒家思想を継続しつつ新しい理論を導入し、中国の女性観、特に貞節思想体系を次第に形成し

ていった。

陳東原は『中国婦女生活史』第六章「宋代の婦女生活」において宋代儒者たちの貞節観を論述している。また陳東原は、中国歴史上の宋代の名儒者たちを生年によって三段階に分けて論じる。その三段階を以下のような表にして見ると、貞節思想がどのように形成され、変化していったか、その過程を見ることが出来る。（儒者たちの名前は生年順）

宋代における貞節理論変化の三つの時期（陳東原の分類により筆者作成）

段階	第一時期（寛容期）	第二時期（変化期）	第三時期（厳格期）
年代	九六〇～一〇一一	一〇一二～一〇二一	一〇二二～一一三〇
代表的儒者	范仲淹　胡瑗　欧陽修　蘇洵　蘇子美　李覯	邵雍　周敦頤　司馬光　張載　蘇頌　王安石	程顥　程頤　遊酢　羅従彦　楊時　李侗　黄庭堅　朱熹
貞節観点	漢唐以来の貞節思想の継承、貞節観は寛容	思想変化期、貞節思想については寛容と厳格の主張が並存し、見解の分化が開始。	寡婦再婚に反対、「存天理滅人欲」、貞節などを強調、周敦頤の学説がある程度継承され、朱熹がそれを集大成する。儒家正統地位となり、理学学説成立。

第一の時期は、宋王朝の成立直後の五十年間で、女性の貞節に対する人々の観念はかなり寛大であった。たとえば当時の学者で政治家の范仲淹[21]がその恰好の例である。その義荘（一族中の貧しい者

を救うために一族で共同経営する荘園）の「田約」（田地使用の規定）は、寡婦に再婚の費用を支給することを認めていたが、男性の再婚の費用を支給することは認めなかった。範仲淹はもともと再婚が礼に反すると看做しておらず、息子の純佑の死後に、その寡婦を門弟の王陶に嫁がせており、寡婦守節の観念は全くなかった。そもそも範仲淹の母親が朱姓の者と再婚しており、幼時には家が貧しかったために母親とともに朱家で過ごし、彼は母親の再婚を恥と見なしていなかった。このように彼の寛容で開けた貞節観は漢唐以来の貞節思想の反映である。

第二の時期の儒者は概ね宋王朝の建国後五十年から七十年の間に生まれたものである。貞節に対する観念が変わった時期にあたっており、儒家によって見解が非常に異なっている。当時の王安石[22]（一〇二一～八六）を代表とする、かなり進歩的な学者や官僚は女性の貞節の問題に依然としてかなり寛大な態度を持していた。

たとえば、王安石の息子王雱は神経がいささか異常で、龐氏を娶ったが息子が生まれると、自分に似ていないので、自分の子供ではないのではないかと疑い、さまざまな方法でその子供を殺そうとし、結局、驚かして殺してしまったので、夫婦仲も悪くなった。王安石は嫁である龐氏が潔白であることがわかると、息子と離婚させ、婿を選んで再婚させた、これは彼の貞節観がいかに寛容であったかを示していよう。もう一人の儒学者である司馬光[23]（一〇一九～八六）の貞節思想も同じである。彼は『家範』、つまり家族のルールを作成したが、その中で女性の読書を提唱している。当時の夫婦離婚に対しては「夫婦以義合、義絶則離」と主張する。また、彼は『訓子孫文』に「為人妻者、其徳有六、一曰柔順、二曰清潔、三曰不妬、四曰倹約、五曰恭順、六曰勤労」（人の妻として、六種の徳がなければ駄目である、一つ目の徳は従順、二番目の徳は清潔、三番目の徳は嫉妬しないこと、四番目の徳は倹約、四番目の徳は恭順、六番目の徳は勤勉である）と妻の徳について述べる、さらに夫婦関係については、「夫、天也、妻、地也、夫、日也、妻、月也、夫、陽也、妻、陰也。天尊而処上、地卑而処下、日無盈虧、月有圓缺、陽唱而生物、陰和而成物——故婦以柔順為徳、不以強弁為美也」（夫は天であり、妻は地である、夫は太陽であり、妻は月である、夫は陽で、妻は陰である。天は尊であるから上位に置き、地は卑であるから下位に置く、太陽は満ち欠けがないが月は丸くなることと欠けることがある、陽は主導して物を生み、陰は協和して物になる——そのため、陰は従順を徳にして、強弁を美としない。）と述べている。

婦人の六徳は漢唐以来の正統な観点であるが、司馬光は『易経』の論理を採り入れ天地関係と男尊女卑の相似を強調した。ここに貞節思想の変化が見られるが、まだ寛大であったといえる。

しかし、同時期の大儒家である周敦頤の態度は違っていた。その『通論』で彼は次のように述べている。「君は君、臣は臣、父は父、子は子、兄は兄、弟は弟、夫は夫、婦は婦である。万物はそれぞれの理を得たのち和す。それゆえ、礼が先、楽が後である。」すなわち、臣は無条件に君に服従し、子は無条件に父に服従し、妻は無条件に夫に服従しなければならず、志を守り、義を守らなければならないという主張である。この記述から、保守的な宋の儒家の態度がうかがわれる。周敦頤は全般的に「万物がそれぞれの理を得る」よう提唱しており、これは封建支配の秩序を強化しようという目的のためであった。周敦頤によれば、治国は「治家（家の管理）」から始まり、「家人離、必起輿婦人」（家族関係の離散は必ず婦人から起こる）ので、「治家」は婦人の管理から始まる。従って、婦人の管理、家庭関係の調和は国家の太平と同じく重大なことと認められる。彼の主張があらわれて以来、夫婦関係は君臣関係と同様に重要視され、貞節の思想は強調され、女性の再婚は次第に否定されるようになった。

周敦頤以後、程顥、程頤も周の学説を継承し、厳しい貞節思想理論が形成された。

第三の時期は理学が成立し始め、貞節観念がますます厳格になった時期である。程顥、程頤、朱熹は、貞節をより積極的に提唱し、もっとも大きな影響を及ぼした学者であり、「天理を存し、人欲を滅す」という思想のもと、女性は貞節を守り、寡婦は再婚してはならないと唱えた。朱熹と呂祖謙（一一三七〜八一）の『近思録』巻六の「家道」では、「寡婦は道理として娶れないようですが、いかがでしょうか」と尋ねられた程頤が、「そのとおり。娶るとは夫婦になることである。節操を失った者を娶って夫婦になるなら、それは自分が節操を失うことになる」と答えている。さらに「貧乏して身を寄せるところがない寡婦がいるかもしれません。再婚できますでしょうか」と尋ねられた程頤は、「後世の人は寒さや餓えで死ぬことを恐れたので、そういう話がある。しかし、餓死する事は大したことでないが節操を失う事は極めて重大である）」と答えた、とある。この程頤の言葉「餓死するは事小にして、節を失うは事大なり」は名言になり、その後支配者に多く推し広められた。妻は夫の為に貞を守り節を守らなければならず、臣は君の為に節を守り忠を尽くさなければならず、子は父の為につつしんで孝道を尽くさなければならない。この君臣・父子・夫婦三者の関係は封建支配の秩序の骨組みを構成しており、一つでも欠ければすべて台無しになるため、封建支配者がどうして貞節観念を提唱せずにいられよう。

女性の守節提唱に関する朱熹のエピソードをもう一つ挙げておきたい。当時朱熹には陳師中という友人がいた。陳の妹の夫の自明が死ぬと、陳に手紙を書いて、妹に節を守るべく促すよう全力を尽くして勧めた。これが有名な「陳師中に与うる書」である。

妹さんが極めて賢明になり、ご両親の面倒を見て、お子さんを育てて、柏舟の節〔寡婦の節〕をまっとうするようさせなければなりません。このことは、さらに丞相夫人の奨励と支持によって、成就します。自明を歿してから忠臣にし、その妻を生きているうちに節婦にするのも、人間の美挙です。…昔、伊川先生〔程頤〕は常にこのことに触れて、「餓死するは事極めて小にして、節を失うは事極めて大なり」とおっしゃっていました。俗な見方をすれば、まことに実情に合いません。しかし、道理に通じ礼をわきまえている君子から見れば、これをかえてはならないことを見て取るべきです。[補注1]

これらの観念は、明、清両代になると、明朝の仁孝皇后の『内訓』、明代の解縉〔一三六九～一四一五〕の『古今列女伝』、呂坤〔一五三六～一六一八〕の『閨範』、温氏の『母訓』などの書に宣伝され、朝廷の制定する法律によって推進された。[24]

以上から貞節観が宋代において厳しくなったことは明らかであろう。しかし、実際の社会的影響はまだ顕著ではなく、儒者と宋の学者たちの理論は世界の「理」の認知から男女関係を解釈するものに留まっていた。

3.3.　封建社会における男性の制限

以上は女性に対する儒家学説の倫理規範の形成過程である。それでは男性に対して、儒家学説はどのように規定してきたのであろうか。

封建社会において男性もまた儒家の倫理規範に束縛されていた。すなわち、貞節思想の時代に男性も性関係の自由はなかった。当時の国家法律に禁止する言行以外に儒家にもよく提唱された「仁・儀・礼・智・信」と「心を正しく、意を誠にし、身を修め、家を斉のえ、国を治め、天下を平らかにする」などの「修身立業」の理論があり、日常の生活には男性に対していろいろな性の制限もあった。例えば、男性が禁欲するために、明清の時代には男性の「功過格」（毎日の行為を反省する）が流行した。すなわち、自分の行為を採点するのであるが、その中に性的な禁欲の内容が多かった。そのような「功過格」の「版本」はさまざまであるが、内容は大同小異である。その内容を見てみよう。[25]

観念の面（「過」は過失を数える助数詞）

色情夢をみる	一過
色情夢を見て自責せず、逆に思い出して模倣する	五過
色情夢が性的衝動をもたらす	五過
美女に出会って恋々として我を忘れる	一過
しばらく美人に見とれる	五過

理由もなく淫乱な思いをめぐらす　一過
気分が淫淫として、意識的に婦女と手を接する　十過

一般的な行為

妻に親しみ、父母を疎んずる　百過
多妻　五十過
特定の女性に肩いれする　十過
女性に品定めをする　一過
他人の家の女性を嘲笑する　一過
特定の女性の淫猥さを称賛、論評する　二十過
淫らな曲を歌う　二過
ひそかに蔵す春画一枚につき　十過
淫書、淫画、淫曲を創作するか刊行する　一千過
淫らな劇曲の一場を演じさせる　二十過
淫猥な言葉を口にする　十過
不注意にもよその家族の女性手に触れる　一過
故意によその家族の女性の手に触れる　十過
危急のときによその家族の女性の手に触れる　無過

この種の接触によって雑念を催す　十過

密通と女遊びについて
夫のいる婦と密通する　百過
下僕の妻と密通する　五十過
寡婦か少女と密通する　二百過
尼僧と密通する　五百過
妓女と遊ぶ　二十過
同性と一回性交する　五十過

性犯罪について
既婚の婦女を強姦する　五百過
下僕の妻を強姦する　二百過
寡婦か少女を強姦する　一〇〇〇過
尼僧を強姦する　極悪非道で許さず
妓女を強姦する　五〇過

そのほかにも、さまざまな内容がある。定められている「過」の軽重から、明王朝と清王朝の社会が男性の性行為問題にたいして抱いていた軽重の度合いを見て取ることができる。男性は女性に不敬の言行があったばあい、観念の範囲内に限られてはいたが、過失として記録した。

制限すると同時に、儒家理論は男性に「内省」「静座して常に自己の過ちを思」「吾常三省吾身」などの理論で言行を指導し、ならびに「学而優則仕」（儒学が優秀な人は官員になる）の目標を示した。

このように封建時代には儒家の倫理規範と、国家の「王法」と、宗族の「族規」「家法」などで男性の言行、特に性行為を観念の上で制限した。男性は女性と同じく社会の「権力」のネットワークに於いて統制されていた。

第四節　儒家「男尊女卑」思想の真相と陰陽学説の関係

人々に熟知されている「男尊女卑」の思想は儒家学説に提唱されている貞節観の重要理念である。「男尊女卑」とは、一般的な理解においては、尊い男性が上から卑しい女性を圧迫するということである。なぜ儒家は男尊女卑という社会倫理規範を作ったのか、男尊女卑思想が生まれた原因は何か、ここで男尊女卑思想の脈絡をおさえておきたい。
男尊女卑理念は中国の陰陽学説と関係がある。[26]
「陰陽」はもともと、天地、日月、男女など、万物を作り出し構成する事物の根本的な対概念を示している。陰陽を基にした「易」は周の時代（B.C1046 ～ B.C256）に成立した占いに儒教的解釈を施したものであり、『易経』として儒教のテキスト「五経」の筆頭にあげられることとなった。「易経」において、「太極」は、陰陽の両義を生ずるものであり、固定なものとして考えられ、人間がそれに従うべき規範、法則、天理とされる。「太極」から生ずる陽と陰の対概念は、天地、日月、男女などの万物の対概念へと類推され、その結果「天は尊く地は卑し」、「陽を貴、陰を卑しむ」というように上下の価値区別として捉えられた。但し、本来これらの別は男女の社会的地位などを認識するためではなく、自然世界構成に対する古代思想の一つの認識と観点である。

こうした陰陽思想は漢代に確立し、儒家と道教に信奉され、儒家と道教の学説の興隆と中国の男女関係の見方に大きな影響を及ぼした。その思想の基本的理解は陰陽を表す太極図である。

陰陽思想についての研究は多いが、この思想とジェンダーとを関係させた観点として、ここで中国人民大学性科学研究所の藩綏銘の主張に基づいてまとめておきたい。藩綏銘は中国古代の陰陽思想は「家父長制の男権社会」を譴責する急進派フェミニズムの最も主要な思想の敵であると指摘した。[27]

陰陽を表す太極図

中国の陰陽思想における男女関係についての主要な観点は次の通りである。

まず、第一は相互依存関係であり、右図の陰陽はより大きい同一の空間中で存在し、切り離すことはできない。すなわち、陰と陽はまず自分の専有空間に独立しつつ結合するものではなく、最初から一つの全体における部分として構成される。

第二は量の消長関係である。太極図の中央の線は曲線となっているが、それが意味するのは、陰陽がいずれも常に半分ずつを占めることができないということである。陰陽の両側には、陰少陽多（陰虚）または陰多陽少（陽虚）などの量の消長があり、これは陰陽の区別はただ定性の区別であり、不変な量の存在がないことを示している。

第三は区別の曖昧さである。陰と陽の両者には区別はあるが、中央が曲線であるため明確な分線がなく、はっきり陰陽を区別することも測量することもできない。

第四は交錯関係である。黒部分の中には白い点があり、白部分の中には黒い点がある。つまり、陰中の陽、陰中の陰、陽中の陰、陽中の陽など陰陽それぞれの中に様々な段階の陰陽がある。

第五は転化関係である。白と黒は相互に転化でき、固定不変ではない。つまり、白い部分の中の黒い点が大きくなり、既存の白い部分を覆いつくすこともあり、逆に黒い部分の白い点も大きくなり得る。

第六は調和関係である。陰陽全体の調和状態が理想的な関係であるとされ、つまり陰陽両者は対立しているのではなく、陰陽バランスを取って調和を保つ。もしこれが不調和であれば病気になるとされる。

第七は動態関係である。太極図はもう一つの思想を含んでいる。つまり、陰陽両者の関係は運動している状態であって静態ではない。従って、陰陽の調和もまた動態過程であり、静態ではない。

以上の陰陽学説はこれまで、中国の道教及び儒教の信奉の解釈と宣伝され、数千年間の封建社会においてその陰陽思想は、男女で構成された社会を説明する基本的思想であった。同性愛者の現象も、すべて陰陽原理で釈明されていた。

陰陽両者の力を比べると、陰は陽より強く、もし、陰と陽両者の衝突が起こった場合、または陽が陰と挑戦した場合、敗北するのは必ず陽の方である。この認識のため、以下の三つの原則が強調された。

① 陽の主導と統治地位を保つことにより陰陽世界のバランスを取ることが出来、それゆえ「陰盛陽衰」はよくない状態である。
② 陽は陰に挑戦することができない。もし、陰陽両者の戦争が起こったならば陽は負ける。
③「陰」の自然的、消極的、受動的状態を保持するのがよい。

陰陽の調和は陰陽双方の平等ではなく、不平等によって調和を保つことができるのである。従って、男尊女卑で構成される社会が「調和」の状態になれる。即ち、男尊女卑は調和社会を達成するために男女陰陽双方を効果的に組み合わせる形式として発想された。潘綏銘もこの考えを肯定している。[28]

この「男尊女卑」が調和した家庭と社会を達成させる哲学として当時の社会各階層に認められていた。だから、国家の大事から家庭内の小事まで、「男・女」「内・外」「上・下」ひいては「夫婦間」「家庭内外」「社会上下」すべてにおいて、陰陽の調和を名目として社会の円滑な運営を目指したのである。

例えば、中国女性の言行に二千年もの間強く影響を与えた班昭の『女誡』には、「夫婦之道、参配陰陽、通達神明、信天地之弘義、人倫之大節也。…〔中略〕陰陽殊性、男女異行。陽以剛為徳、陰以柔為用、男以強為貴、女以弱為美…夫為夫婦者、義以和親、恩以好合…」（夫婦の道は、陰陽に参配し、神明に通達す。信に天地の宏義、人倫の大節なり。…陰陽性を殊にし、男女行を異にす。陽は剛を以て徳と為し、陰は柔を以て用と為す。男は強きを以て貴しなし、女は弱気を以て美となす…夫婦たる者は、義以て和親し、恩以て好合す…）とある。まとめれば、班昭は「男－陽－尊」と「女―陰―卑」の組み合わせは調和しやすいと述べた。その思想の影響で中国封建時代の男女相愛の愛情物語は数えきれないほど存在し、詩歌、小説、劇曲など様々な形式で民間に伝えられている。「在天願作比翼鳥　在地願為連理枝[29]」（天にありては願わくは比翼の鳥となり、地にありては願わくは連理の枝とならんと）の唐の玄宗と楊貴妃、「十年の生死両茫茫、不思量自難忘」（十年の生死両ながら茫茫たり、思量せざれども、自ら忘れ難し[30]）の蘇軾夫婦[31]、「挙案斉眉[32]」の李清照と趙明誠夫婦[33]などの上層社会の封建官僚、知識人の愛情物語から中国民間の七夕「牛郎と織姫[34]」、「白娘子と許仙[35]」などの社会下層庶民の愛情物語まで、後世に美談として伝えられている封建社会の幸せな夫婦も多かった。そのような古代男女間の純愛または性愛については『紅楼夢[36]』『金瓶梅[37]』などに多く描かれている。

近代では「男尊女卑」に対して、フェミニズムの批判と違う観点もよく見られる。

例えば、戴季陶は次のように述べた。

中国の男尊女卑は、表と裏がある畸形制度であり、とくに上流階級でこの傾向が著しい。すなわち、男性が極端に女性を圧迫する事実がある反面、女性が極端に男性を圧迫する事実が存在する。男性は、名誉にかかわるので、みずからをいつわって、忍耐し、ごまかしているのが普通である。日本の社会には、およそこのようなことはない。女性は男性に絶対的に服従するが、男性は女性に絶対に保護を加える。――もとより例外はあるが、きわめて稀である。威厳を保った男性の護愛と、同情をそなえた女性側の思いやりとが、たくみな組織の下で調和している。日本の社会では、女性が男性に「河東の獅子吼」（蘇東坡が、女性嫉妬の罵り言を評した語）をあびせる光景はめったに見られないし、男性の女性虐待はもっとすくない。弱者を愛護するという武士の道徳は、とくに男女間において顕著である．〔中略〕日本の女性は、夫をなぐさめ、夫に同情し、社会で一日の苦悩を味わって帰る夫に、一夜の慰めを与え、疲れを回復させる。中国の男性に多い家庭苦は、日本の社会では絶対にお目にかかれない。[38]

戴はここで近代中国社会の男尊女卑と比較して日本の男女関係の方が良いと評価しているが、日本は本来、儒教の影響を強く受けてきた。後述するが、実は徽州地域の貞節女性たちの夫婦関係は、戴の紹介する日本の男女関係と類似しているのである。

以上の通り、陰陽理論は本来社会の調和を求めるための思想であった。その痕跡は、古来中国から儒教を受容してきた日本近代社会の男女関係にはまだ残っていたと解釈できるのではなかろうか。

第五節　道家の男女平等思想と陰陽五行説

儒家の倫理規範を奉信した封建時代には、男女平等を提唱した学説も儒教と並んでずっと存在しており、つまり、貞女烈婦などを含んでいる婦人たちと夫の間の平等な性愛を主張する学説もある。とくに道教に提唱されていた「房中術」と言われる学問を中心としての古代性文化の研究が儒家の学問と同じく盛んであった。

本節で儒家と並ぶ中国伝統的哲学システム中の学説である道家の男女平等思想についておさえておきたい。

封建社会は必ずしも禁欲主義ではなかった。道教において提唱された「房中術」から、夫婦間の性愛関係の調和、性愛の快楽を男女の別なく享有していたことが推測できる。

「房中術」については、広義と狭義の理解がある。「房中術」は広義では中国古代の性科学の総称とされ、狭義の理解としては性交の技巧を研究する学問とされる。現在は狭義の意味で使うことが多い。なぜなら中国古代の性科学はあまりにも広範囲にわたっていて、房中術で概括できるものではないからである[39]。

中国古代房中術の理論著作は多く、特に後漢代の班固（三二〜九二）の『漢書』「芸文志」によれば、あわせて八家、一百八十六巻にのぼるという。『容成陰道』二六巻、『天一陰道』二四巻、また漢代末期に著された初期道教の経典『太平経』の「国を興し、後継ぎを増やす術」、魏晋南北朝の房中術の専門書『玉房秘訣』十一巻、『素女経』など様々に存在した。しかしながらその後、これらの多数の典籍は殆ど散逸してしまい、日本の丹波康頼（九一二～九九五）が編纂した『医心術』三〇巻（九八四年）に収録されているだけである。清朝末期の学者葉徳輝（一八六四～一九二七）は『医心方』を初め、そのほかの医書から『素経女』、『素女方』、『玉房秘訣』、『玉房指要』、『洞玄子』など房中術の典籍を編集し、敦煌文書に残されていた白行簡（七七六～八二六）著『天地陰陽交歓大楽の賦』とあわせて『双梅景闇叢書』（一九一四年）として刊行した。二十世紀の七十年代に、湖南省長沙の馬王堆漢墓の発掘で、『十問』、『合陰陽』、『天下至道談』などの竹簡が発見された。これらは何れも二千年前の房中術の著作である。これらの典籍や資料は、この一千年余りの間に刊行された医書の房中術に関する記述とともに、中国古代の房中術の主要な内容を伝えている。[40]

中国古代の房中術のもっとも基本な理論は陰陽五行説である。[41]

西周末期に、初めて自然現象の変化と根源を理解し、日常生活で常に見かける金、木、水、火、土と言う五種の物質〔五行〕で事物の起源を説明する思想家が現れた。木は火を生じ、火は土を生じ…という自然界における生成的循環を表す「五行相生」と、木は土に克ち、水は火に剋ち、…という自然界における抑制的循環を表す「五行相克」の五行論である。それを基に「陰陽」の概念をも吸収し、自然界で相互に対立しつつ依存し合う二種の物質的な力を解釈し、両者の相互作用があらゆる自然現象の変化の根源であると見なす思想家も現れた。

男女問題では「陰陽相済」〔陰陽が互いに補い合う〕を提唱すると同時に、男性の属性を火、女性の属性を水に帰した。この思想は古代房中術のほとんどの著作を貫徹しており、陰陽五行説と大きな関係がある。男女の差異と関係は、次に挙げる火と水の差異と関係にたとえて解釈された。

・男女性的反応の差異――火は燃え上がりやすいが消えやすくもある。これに対し、水を加熱するには一定の時間を要するが、加熱されたのちには、冷めるのもかなり緩慢である。

・男女生理の差異――火を燃やすには燃料が必要であるが、水は自然状態にあり、非常に大きな適応性がある。

・男女性関係の相互依存と対立――水は火で温めなければならないが、火はまた水に消される。

このような「火」「水」学説は道教に提唱された「採陰を採り補陽を補う」説の根拠ともなった。陰陽五行説から道教の男女の自然属性観点を下図で表示する。（藩綏銘二〇〇六を参考に筆者作成）

物質世界構成→ 陰→女→水→強 ┐
　　　　　　　 陽→男→火→弱 ┘→ 水は火に克ち→ 採陰補陽→
陰陽合一
男女平等

水は火に克つので、道教の世界を構成する物質の陰陽両面を比較したとき陰が陽より強いと認められ、それゆえ道教は「採陰補陽」と「陰陽合一」を提唱するのであって、「採陽補陰」「陽陰合一」と言うことはない。

いっぽう、儒家はその陰陽五行学説によって陰を付属の地位に置かない限り男女陰陽のバランスを取れないと認めた。それは以下のように図示される。（藩綏銘二〇〇六を参考に筆者作成）

人間社会構成
- 男→陽→火→弱
- 女→陰→水→強

→均衡の為→
- 陽→主位→男尊
- 陰→次位→女卑

→調和

藩綏銘は儒家と道家が「恐陰主義」、つまり、陰を恐れると崇拝し、社会が女性を崇拝する思想があったと述べる[42]。

以上の通り、道家学説は男女関係の平等を主張する一面もあった。

おわりに

以上のように貞節理論は儒家学説の出現と発展とともに形成された。漢代と宋代は貞節思想理論形成と確立の重要な時期である。宋の後、元明清時代に貞節は多く実践されたものの、理論方面においては新しい要素はあまり見られなかった。二〇世紀後初期の新文化運動期に述べる貞節観を含む儒家学説は批判され、西洋から進化論、マルクス主義などの思想が中国に輸入された。一九四九年以後、マルクスの共産主義理論が儒家理論に代わって正統的地位とされ、その後儒家の学説が文化大革命時期に打倒されると共に、貞節観は殆ど廃れた。

五四新文化運動時期とそれ以降、儒家学説は知識人たちと政党に批判され、女性を抑圧する学説とみなれているようになってしまった。しかし本来、儒家学説は社会の秩序を維持するための哲学思想として人間性を抑圧する面がある一方、男女関係に関する指標も多く含まれている。例えば、初期の儒家には、人々の性行為の規範として用いられた。

歴代の貞節理論の登場と変化から、貞節観は儒家理論体系の重要な一部分と言える。儒家学説と同じく、当時の中国社会の世界観から生じた一つの思想であり、長時期の運用と実践から生まれた一つの学説理論である。

本章では、儒家貞節思想形成の歴史過程に並行して表れた、道家の男女平等説も考察した。

歴代の王朝は儒家の学説を支えるので儒家の女性倫理も封建政権に支えられていた、後章で調査・論述する貞節牌坊は王権が儒家貞節観を宣伝する物である。しかし、儒家の貞節観が社会に影響を与えていた時代に道家学説の影響も存在していた。本章で「男尊女卑」の儒家理論また道家の「男女平等」説を検討した。

「儒」「道」両教は自然界の陰強陽弱の問題を解決するために異なる方法を提議した。つまり、儒家は陰陽太極理論で理想的な調和社会関係を達成するために「男尊女卑」社会倫理規範を作り、一方で道家は、陰陽五行理論で「男女平等、陰陽合一」などの房中術を提議していた。道家は家庭内での夫婦間の私的な生活を重視する学説であり、儒家は家庭外に夫婦間の社会倫理を重視する学説なのである。中国の女性史は儒教と道教の二本立ての指標と影響を受入れた歴史と思われる。

こうして男尊女卑思想は陰陽五行の学説に由来し、儒家は自然物質構成、男女の属性の理解の陰陽五行説の上に男女社会の調和と秩序を維持するために様々な倫理規範を提出した。「三従」や「男主外」「女主内」などの倫理規範の最初の由来は陰陽の思想から出る。それは当時の生産力の水準及び物質世界と人間社会に対して、人間の世界観からの学説である。当初、その観点はただ男性のみが女性を統制し、圧迫する為の「階級理論」であったのではないか。

ここで本章の目的を思い出しておこう。すなわち、中国封建社会に「男女平等」を叫ぶ声もあった史実を明確にすること、そして一九一九年以来の近代中国のフェミニストたちが豪快に中国の「男尊女卑」などの倫理規範を譴責したのは、「男女平等」の道教の思想の無理解の上に成り立っていたと示すことである。貞節思想は女性の純潔を提唱しているが、夫婦間の性愛学問の学説を排斥する証拠は見当たらないのである。

しかし、一九四九年以来の中国では、共産党の指揮によって貞節女性を表彰する貞節牌坊などの有形物を壊すと共に、「茶道」「陰道」及び貞節思想中の重要な要素の「孝道」などの伝統文化も「封建糟粕」として一同に壊した。清朝末期の「状元」（科挙を通して全国第一名を取る方）葉徳輝は『双梅景闇叢書』を編集、刊行したことで、一九二七年に共産党の農民協会より「荒淫頽廃」の罪で斬首された[43]。また、周作人が編集した『性愛的新生』という本があったが、彼が「漢奸」とされて以後、彼の思想の流布も禁止された。一九四九年以後の文化大革命時代の「無性文化」時期[44]のように、歴史的に中国の政治権力はずっと思想学説を左右している。そのために道教の影響も段々と弱くなり、現在の中国に道教を知らない人も多い。

中国の女性は儒家の社会秩序倫理と家庭内の道家学説理論を遵守しながら毎日を送っていた。封建社会には儒家の教義もあり、同時に、男女平等と男女間の快楽と学問を提唱する教義もあった。

董家遵は「論唐宋以後才子佳人的婚姻[45]」において「唐宋以後は中国歴史上の性道徳が最も厳しい時代であるが、中国歴史上の両性関係の最も淫蕩で、最も浪漫の時代である」と論じている。それは儒教と道教の両方の学説からの影響だろう。

中国宋代の理学理論に対して、陳東原は「歴史の目で見ると、よいか悪いかとの評価は出来ない」と指摘している[46]、貞節観に対してもそのように言うことが出来ると思われる。儒家学説をすべて否定することが出来ないように、貞節観を全般的に否定することもできないのではないだろうか。

本章で紹介した通り、貞節観の形成と進化過程は概ね三つの時期、すなわち理論面の形成時期（漢代から宋代まで）、実践面の厳格な時期（宋以後、特に明清時代）そして理論と実践両方の衰退時期（新文化運動以後）に分ける事が出来る。つまり、漢代の礼教は貞節の思想理論の基礎を打ち立て、宋代の理学は貞節観の理論体系を完成した。そして漢代から宋代までの貞節理論の形成期間は、寛容期にあった。宋代以後、貞節理論の展開は見られないが、ここで貞節観は理論から厳格な実践へと転化する。このことは主に、時の政府による貞節表彰制度と貞節教育の普及から窺われる。それらについては次の第二章で考察していく。

注

1　春秋時代の終わり・戦国時代の始まりについては諸説ある。晋の家臣であった韓・魏・趙の三国が正式に諸侯として認められた紀元前四〇三年とする説、紀元前四五三年に韓・魏・趙が智氏を滅ぼして独立諸侯としての実質を得た時点を採る『資治通鑑』説の二つが主流である。この他に、『春秋』は魯哀公十四年（紀元前四八一年）に「獲麟」（麒麟を獲た）の記述で終了するので、これをもって春秋時代の終わりとする説、『史記』の『六国年表』が始まる紀元前四七六年とする説などがある。

2　『春秋』の呼称は、戦国儒家が編集し孔子の著作と宣伝した『春秋』がこの時代の諸事件を簡記していることに由来する。

3　紀元前四〇三年に晋が韓・魏・趙の三つの国に分かれてから、紀元前二二一年に秦による統一がなされるまでをいう。この名前は『戦国策』から取られている。

4　陳東原、一九七七年、二三頁。

5　『儀礼・士昏礼』の記載によって婚姻の六個の段階である。

6　陳東原、二四頁。

7　『左伝』桓公十六年、成公七年参照。

8　『左伝』桓公十八年、庄公七年、庄公八年参照。

9　原文：関関之雎、在河之州、窈窕淑女、君子好逑…

10　『論語・泰伯』。

11　陳東原、四一頁〜四二頁。司馬遷『史記・礼書』

12　董仲舒　前一七九七〜前一〇四？　中国前漢の儒学者。広川（河北省棗強東）の人。武帝時代の初期賢

良として天子の親問に答えて脚光を浴びた。退官後は帰家して学問著述に専念。彼は儒学一尊の思想統制を主張した。しかし，儒学が国教化したのはこののちの官学化と、その影響による儒家官僚の官界制圧という段階をへてからであった。

13 赤塚忠、一九六七年、二九頁。

14 『白虎通义・三綱六紀』参照。

15 班固『白虎通義』情性参照。

16 『儀礼』喪服子夏伝参照。

17 黄色の袍：古代皇帝の袍を指す。五代の後周の趙匡胤は陳橋に軍隊が反乱して、部下たちはすぐに彼に黄色の袍を羽織って、帝として擁立したことを言う。「黄袍加身」帝位に登ることを指す。

18 陳東原、一九七七年、一二九頁参照。

19 社会的には農工商に対して読書人・知識人階級を指し、官界では科挙出身の高級官僚を指す。

20 陳東原、一九七七年、三五頁。

21 範仲淹（九八九－一〇五二）有名な中国の教育者、文筆家、北宋の高級官僚。

22 王安石（一〇二一～一〇八六）、字は介甫。号は半山。臨川（江西省）の人。仁宗の慶暦二年（一〇四二）の進士で、宰相となって大胆な改革（新法）を断行した。王安石の過激な改革は保守派の猛烈な反対を受け、彼は前後二度にわたって宰相を拝命し、二度宰相を罷免された。最後には司馬光によって新法は廃止され、王安石は失意のうちに世を去った。王安石は北宋のすぐれた政治家・思想家・文学者であり、北宋の詩文革新運動の代表者で、「唐宋八大家」の一人でもある。『王臨川集』がある。

23 司馬光（一〇一九－八六）北宋の政治家。陝州夏県（山西省）の人。字は君実。王安石の新法に反対し中央政界から遠ざかったが、陰で保守派を操縦。哲宗即位の翌年（一〇八六）、宰相となり、新法を廃した。編年体の史書『資治通鑑』（二九四巻）を編纂し完成させた。詩文には『司馬文正公集』がある。
24　劉達臨著、鈴木博訳、二八二頁～二八四頁。
25　前掲注24、一五九頁、参照。
26　本節では前掲注24劉達臨（六七一頁）と藩綏銘の『中国性革命縦論』（二〇〇六年、五一頁）を参考。
27　藩綏銘『中国性革命縦論』二〇〇六年、五二頁。
28　藩綏銘、二〇〇六年、五四頁。
29　白居易の傑作「長恨歌」中の言葉。「長恨歌」は唐の玄宗皇帝と愛妃・楊貴妃の生死愛情の故事。寵愛をほしいままにし、権力さえも手中にした貴妃の波瀾に満ちた短い生涯を詠う。比翼の鳥とは、雌雄が各々目が一つ、翼も片翼だけで、常に二羽がいっしょにならなければ飛べないという想像上の鳥、連理の枝とは、それぞれ別な幹から出た二本の枝が一つに連なるものであるという。
30、31　蘇軾は、男性的な詞を作ったので豪放派の祖と呼ばれている北宋の詩人、官僚である、亡妻の為に『江城子』という有名な詞を作った、乙卯正月二十日夜記夢には「十年生死兩茫茫，不思量。自難忘。千里孤墳，無處話淒涼。縱使相逢應不識，塵滿面，鬢如霜。　夜來幽夢忽還鄉。小軒窗，正梳妝。相顧無言，惟有淚千行。料得年年腸斷處，明月夜，短松岡。という詞は、現在でも人を感動させる。
32　成句の「挙案斉眉」は、『後漢書・逸民列伝・梁鴻伝』からの出典。後漢（二五年～二二〇年）時代、梁鴻という文人の妻孟光という女性は醜い容貌ながら、よい品性を持った人間である。梁鴻は、憂国憂民の詩を作って朝廷の怒りを買い、皇帝は彼を逮捕するよう命令じた。それを知った梁鴻は妻を連れて逃げ、名前を隠して、長者の皐伯通の家で働き始めた。毎日、皐家の米をついて帰ってくる梁鴻を、孟光はいつも食事を用意して待っていた。そして、料理をのせた案（食膳）を眉毛の高さまで挙げ、夫への尊敬を表し、梁鴻もそれに対して、常に礼を以て接した。その時から、「挙案斉眉」と「相敬如賓（互いに尊敬し合うこと)」は一緒に用いられるようになり、お互い尊敬し愛し合う夫婦を賞賛する比喩として使われるようになった。

33 李清照は宋代の女性詞人である、十八歳の時に金石学の考証学者の趙明誠と結婚した。北宋では、貞節観は強くなり、纏足の風習が始まったが、趙明誠は李清照を対等な態度で対し、彼女は幸福に感じていた。しかし、戦乱で南方に流浪するうちに夫の明誠が病死した後、張汝舟という男が財産目当に五十才近い李清照を娶った。再婚し同年秋に離婚するまでの約百日間、李清照は精神的な苦しみを嘗め尽くした。

34 織女や牽牛《ひこぼし》という星の名称は春秋戦国時代の『詩経』が初出とされている。七夕伝説は、漢の時代に編纂された『文選』の中の『古詩十九編』が文献として初出とされており、南北朝時代の『荊楚歳時記』、等の中にも記述がある。

35 白娘子は中国の民間に伝わる物語「白蛇伝」の主人公である。中国の人々の間に古くから親しまれている物語である。

36 紅楼夢は、清朝中期乾隆帝の時代(一八世紀中頃)に書かれた中国長篇白話小説の最高傑作。作者は曹雪芹とするのが定説だが、別人であるとする異説もある。三国志演義、水滸伝、西遊記とともに旧中国の傑作古典小説に数えられ、「四大古典名著」である、才貌ともに秀れた若き貴公子・賈宝玉と彼をめぐる大勢の美しい少女たちとの間に繰り広げられる恋物語。

37 中国四大奇書のひとつとして知られる「金瓶梅」は、明の万暦中期(一六世紀末)に書かれた全一〇〇回の長篇小説。物語の舞台は山東.時代は徽宗治下の十五年間、西門慶という好色一代男を中心にして、世態人情、市民生活の万端をいきいきと写し出した。

38 戴季陶著、市川宏訳、竹内好解説、一九七二年、七二頁。日本語訳は市川宏訳による。

39 劉達臨著、鈴木博訳、二〇〇三年、四七九頁。

40　前掲注39。
41　前掲　注39、五〇七頁。
42　前掲　注27、七六頁。
43　張晶萍「是是非非葉徳輝」、『書屋』二〇〇三年第7期。
44　藩綏銘、二〇〇六年、七六頁。
45　董家遵、一九九五年、三三七頁。
46　陳東原、一九七七年、一二九頁。

補注1　劉達臨著、鈴木博訳、『中国性愛文化』二〇〇三年、二八三頁。日本語訳も鈴木博訳による。

第二章　貞節観の社会的実践
——貞節の旌表と民間の貞節教育

はじめに

前章で貞節理論の形成の歴史的脈絡と過程を明らかにしたが、社会はどのように儒家のその貞節理論を受け入れて、現実生活に運用し、実践していたのか、つまり、その思想理論は人間社会にどのような影響を与えたのだろうか。本章では明清王朝政府が貞節思想を奨励する主要な政策と共に、貞節観の社会的実践を考察したい。

歴史的文献の調査を通じて、貞節理論の変遷は、つねに貞節の実践と切り離しえない過程であることが分かる。その実践は歴代官府による貞節表彰政策の施行と、『女誡』などの女訓書を通じて、生活に貞節理論を浸透させる過程であった。

本章においては、歴史上の貞節観の実践過程について考察し、歴代官府が如何に貞節理論を運用し、貞節表彰制度を実行したのか、一方人々のあいだで女性訓書がどのように普及・教化したのかを明らかにする。

官府による貞節表彰は、貞節「旌表」とも言われる。歴代の詔令と制度の内容から、貞節「旌表」については物質と精神の二種類の奨励方法があることが分かる。物質的奨励としては差役免除、米・帛と建坊銀などの給与、爵号賜与などの経済方面の援助がある。精神的奨励としては史書によると、旌表門閭・貞節牌坊・節孝祠や石碑を建て、墓前に碑文で掲示するなどがある。貞節牌坊は、官府の貞節表彰制度内の一つの主要な手段として使用されていることがわかる。漢代の詔令貞節「旌表」から明清時代の貞節表彰制度の形成と完成まで、その過程は封建社会発展の需要から漸次整備されてきたのである。

いっぽう、貞節旌表以外に、『列女伝』『女誡』などが貞節観の理論から実践への重要なかけ橋となった。

したがって本章では、政府による貞節旌表と民間貞節教育の展開という二つの面から、貞節観の実践過程を明らかにしたい。

第一節　国家の貞節表彰制度——貞節「旌表」

貞節理論の形成過程は表面的に貞節烈女現象はその源が儒家学説と程朱理学の提唱にあるかのようにみえる。しかしそれは、中国社会が封建制時代社会に進化した後、財産私有制の成立以後の社会を統制すべき必要性に由来していたのである。[1]

第一章で述べたように、先秦以前の原始社会で集団婚を実行していた状況のもとでは、貞操、貞節などは問題にならず、奴隷社会に私有制と男権社会の出現ののち、夫は自分の私有財産を確実に自分の子供に伝えるために、自分の妻妾が貞操の純潔を強く要求することとなり、貞節理論が次第に形成されることになった。

父権制の社会において男女婚姻の目的は、『礼記・昏義』の論述の通り、「昏義者、将合両姓之好、上以事宗廟、而下以継後世也」[2](二姓の結婚は上には宗廟に事え、下には後継ぎすることにある。)ことである。こうして子供を産み育て、貞節を厳守することは婦人の主要な義務になった。避妊の技術がなく、皇帝から庶民まで血統の純正を女性の貞節に頼むほかなかった時代において、「失貞」は血脈を混乱させる恐れがあり、女性の貞節問題は財産と爵位などの社会地位の継続などと密接な関係があることからも、夫婦、家族、宗族、社会はその問題を重視していたのである。

では歴代中央集権政府の「貞節表彰」制度を追ってみてみよう。

まず「旌表制度」の「旌(セイ)」とはもともと五色の羽で竿の先を飾った旗であるが、「旌表」は大いに提唱する、品行や行為を賞賛する意味である。「旌表」とは国家が孝義貞順などの徳性のある人に対して、坊を建て扁額を賜与して表彰することであり、この旌表という手段を通して、歴代の国家は庶民の教化を実現してきた。つまりもともと旌表は忠臣、義士に対する一種の奨励策であったのだ。後に、旌表の範囲は次第に拡大され、男子に限られず、女子にも与えられるようになった。とは言え、婦女に対する旌表は非常に限定されたものであって、殆ど貞節烈女に与えられたものである。本章でいう旌表制度は貞節女性の表彰制度を指すこととする。

女性の貞節旌表は秦の始皇帝から民国の徐世昌大統領(在位一九一八年~一九二二年)まで継続し

た。貞節烈女についての研究においてこれはきわめて重要な題材であると思われる。

貞節観に対する政府の奨励措置と重視の程度によって、貞節観の推進過程は概ね次の段階に分けることができる。即ち、秦漢時期の貞節思想の萌芽と形成段階の旌表、魏晋南北朝唐宋時代の寛容段階の旌表、及び元明清の貞節観の厳格段階の国家旌表である。

1.1. 秦漢時代貞節観の形成期の国家「旌表」

前章に述べたように、貞節の思想理論は先秦までは形成されていなかった。たとえば陳東原は『詩経』の詩文と周の礼儀によって「貞的観念，当時還很淡薄」（貞の観念はその時まだ薄かった）[3]と述べている。
秦の始皇帝は中国歴史上初めて貞節を提唱した皇帝であり、戦国時代を終結した後、封建専制政権の確立と供に両性関係間の道徳倫理を重視した。婦女の旌表も始皇帝まで遡ることができ、その例は当時の金石文の中に見られる。[4]
秦の始皇帝は紀元前二二一年に中国を統一したのち、さまざまな地方を巡視するとともに、一部の地方に自らの思想主張を天下に明示した刻石（文字や絵を刻んだ石）を建てた。泰山（山東省泰安市の北部にある）、碣石山（遼寧省綏中県南東部の孟姜女墳のこと）、会稽山（現在の浙江省紹興市）などの刻石はいずれも女性の貞節を強調している。
会稽の刻石には建てられた経緯について詳しく刻まれている。それによれば従来の夫婦関係においては、夫は自分の過ちを文飾して義理にかなっているかのように吹聴し、妻は子がありながら、夫の死後ただちに他家に嫁ぎ、亡夫に背いて不貞をはたらいていた。皇帝は家の内外を防ぎ隔てて、淫逸を禁止した。そのゆえ、男女の間の道は清潔にして誠実なものになった。夫が他家で淫行をはたらければ、殺しても無罪と定めたので、夫は恐れて夫としての義務を守り、妻が夫を棄てて他家に嫁いだときに、子はそれを母とすることができないと定めたので、女子は皆貞操を守って清廉の風に化したとある。

泰山の刻石には次のように書かれている。

男女の礼が乱れることなく、慎んでそれぞれの職務に従う。
昭らかに朝廷の内外を融和し、行為で清浄でないものではない。[5]

碣石山の刻石には次のように書かれている。

男子は農事に励むことを楽しみ、女性はその行たる紡織を修めることにそれぞれ秩序がある。

もっとも、始皇帝は刻石でこのように提起したのみで、いかなる具体的な措置も講じなかったので、全国にあまり大きな影響を及ぼさなかった。即ち、「秦雖表貞，然亦無甚作用」（秦は貞節を表彰したが実際の効果がなかった）[6]わけである。

これらの奨励は皇帝個人の偶然の行為で、持続性を持った制度と言えない。この時期において、それは婦女の淫逸を禁止するのが主な目的であり、婦女が貞節を守ることは、後世ほど厳しく要求されていなかったようである。しかしこのことは、「政府」がすでにこの問題を重視し始めていたことを表している。

漢代に入ると礼制が体系化されて明確になった。当時、礼が提唱したのは「女子は人に従う」ということであり、「政府」が女性の「一人に嫁しておわる」ことに極めて注目したので、貞節が極めて重視され、国家の貞節「旌表」も始まった。宣帝（在位前七四～前四九）は神爵四年（前五八年）に詔を発表して貞婦に「帛」を賜り、有史以来初めて詔によって、貞節が堅く従順な女性を表彰した。『漢書』巻八[7]、宣帝紀は次のように記す。

神爵四年（前五八年）、夏四月。穎川太守黄霸以治行尤異秩中二千石、賜爵関内侯，黄金百斤，及穎川吏民有行義者爵，人二級，力田一級，貞婦順女帛。（紀元前五八年に夏の四月、穎川の太守黄霸は政治的業績が特に優秀なので、皇帝は彼に二千石の穀、関内侯および百両の黄金を賜り、また、穎川に徳行がある官吏と庶民にも爵位と良い田を賜り、節婦・従順の女に帛を賜る）

すなわち宣帝が貞婦、順女に帛を賜ったと述べており、後世の貞節旌表はこれから始まる[8]。後漢の安帝（在位一〇六～一二五年）の元初六年（一一四年）にも、貞節の旌表が行われた。その年に発表された詔のうち、「旌表」は「政策」の一部として発布された。

（六年）詔曰、「夫政、先京師、後諸夏。月令仲春『養幼小、存諸孤』、季春『賜貧窮、賑絶、省婦使、表貞女』、所後順陽気、也崇生長。其賜人尤貧困、孤弱、単独、穀人三斛、貞婦有節義十斛、甄表門閭、旌顕厥行。」[9]

（安帝六年の詔は次のように述べた。「政策はまず京師、次に地方へ、仲春に孤児を扶養し、季春に貧困を救済し、貞節女性を表彰する…　貧困者、孤独の弱者などの一位に三斛の穀、貞節婦女に十斛の穀を賜り、また、貞節女性の家の門で、その女性の貞節徳行を表彰する。」）

［斛《こく》：容積の単位。当時、一斛は十斗に当たる。
閭《ろ》：戸籍上の単位。古代、二五戸を一閭《ろ》として数えた。
厥《じゅ》：その人の意味。――筆者注］

すなわち、貞節を表彰して穀物を与えるという政策が明示されている。同じような内容は『後漢書』烈女伝中にも見出される。これは、政府の年度施政計画として示されていることから、これを以て漢代の貞節旌表は個別・偶発的に与えられるものから制度へと転換したことが分かる。

同時に貞節理論の提唱に大いに努めた学者も現れた。前漢の劉向は『列女伝』を著した。その「貞順伝」と「節義伝」は貞節を論じたもので、礼法で女性の生活の基準を裁定することを企図した。後漢の班昭は『女誡』を著し、男尊女卑、三従四徳、夫が妻を統べるなどの観念を体系的に整理、編纂した。

しかし、漢代には朝廷が貞節である者を表彰したり、学者が貞節に関する専門の著述を著したりしているけれども、まだ民衆の貞節にはあまり大きな影響を及ぼさず、女性の離婚や再婚はかなり自由に行われ、反対するものがいなかったばかりか、寡婦を娶る人もいたのである。

1.2.　魏晋南北朝唐宋時代の貞節観寛容段階の国家「旌表」

この期間の貞節旌表は漢代の政策を踏襲している。例えば、『魏書』[10]巻九二列女伝には「……普泰初、有司聞奏、廢帝詔曰、貞夫節婦、古今同尚。可令本司依式標牓」（普泰の初年〔五三一年が普泰元年である—筆者注〕に、…廃帝の詔は徳行の男性と貞節の女性、古今は同じ、以前の様式によって表彰すると関与部門を命じる。）とあり、また『宋書』[11]巻八「明帝紀」に「…巡方問俗、弘政所先、可分遣大使…貞婦孝子、高行力田、詳悉條奏。…」（官吏を地方へ派遣して、民俗と民情を考察し…節婦と孝子、…、詳細を政府に報告する…）との記録がある。

ここで貞節の実情を把握するために、政府の役人が各地に視察に行くやり方がはじめて現れた。これは以前にはなかった方法である。[12]

魏晋南北朝時代には社会的動乱が頻発し、男女関係がかなり紊乱した。隋の成立直後、文帝（在位五八一〜六〇四）がその風潮を改めるため、「五品以上の妻妾は改醮（再婚）するを得ず」と定めたが、[13]しかし煬帝（在位六〇四〜六一八）が即位したのち、自ら荒淫無道であったことから、社会の男女関係がふたたび弛緩し、貞節を守ることについての意識も希薄になった。[14]

隋朝以後の唐代の社会風潮は極めて開放的であったが、貞節女性の旌表制度は国家章典に記入されていた。差役免除という新しい奨励政策も出た。『隋書』[15]巻二四「食貨」にも「…有爵及孝子、順孫、義夫、節婦、並免課役」(…孝子、徳行の男、節婦の課役を免除する)。『新唐書』[16]巻五十一食貨志に「・・・孝子、順孫、義夫、節婦同籍者、皆免課役」(孝子、徳行の男、節婦などの人の課役を免除する)と書かれている。これらと類似する記載は『旧唐書』、『新五代史』などにも見える。

宋代に入り、理学思想風潮の影響を受け、婦女の貞節が一段と重視されるようになると、国家の婦女旌表制度が整備され、より広範に施行されることとなった。また、朝廷は地方の政府に選択された孝子、順孫、義夫、節婦を事前に確認してから報告させるようにした。

北宋の英宗治平三年十二月二十三日の詔には次のようにある。

応天下義夫節婦、孝子順孫、事状灼然、為衆所推者、委逐処長吏按験奏聞、当與旌表門閭。[17]
(徳行の男、節婦、孝子などの優秀な方は、地元の人たちに推薦されれば、地方の官吏をそれらの事情を調査と確認して、上司に報告して、旌表する。)

これは婦女旌表の広汎な施行を伝えるものである。特に、旌表を受ける婦女の氏名・行状を地方官より朝廷に奏聞させるようにした。このような旌表手続きの整備は、広範な旌表の施行に際して必要なことであり、明清時代における複雑な旌表制度の先駆となった。[18]

宋代には貞節理論が体系化されたうえ、政府の貞節旌表政策も制度化されたという意味で進化したと言えよう。

1.3. 元、明、清時代の国家貞節「旌表」

明代に入り、婦女旌表政策がさらに普及すると、婦女旌表の内容はさらに細かく規定されるようになった。

漢からの歴代王朝は婦女旌表を行ったが、民間社会、とくに社会の低層までの影響は漸進的であったにすぎない。前章の貞節理論の形成過程においてすでに言及したように、中国の歴史において、貞節観念は形成されてから一気に厳格になったわけではなく、その過程には曲折や反復があった。秦・漢代に理論が形成されてから、隋・唐代において広範囲に広がり、宋代の中葉になるとますます厳格になり、抑圧的になった。中国は宋代中葉以降、異民族の強大な軍隊の侵入に直面し、さまざまな方法を講じてその支配を維持しなければならなくなる。新儒学（理学）の登場と貞節の強調はまさにこういった状況の反映であった。

女性の貞節に対する宋代の態度と理論については前章ですでに述べた。これらの理論は、明、清両代になるとよく宣伝され、朝廷の制定する法律によって推進され、日常生活において実際に施行されていた。社会生活において貞節思想がますます厳しくなったのである。

明の太祖朱元璋は一三六八年（洪武元年）詔を発して、節婦を旌表し、三十歳以前に夫が亡くなったが志を守り、五十歳以後も節を改めなかった民間の寡婦は、門閭〔村里の入口の門〕に旌表し、その家の差役〔人民に課した労務奉仕〕を免除する、と定めた。[19]

これは中国有史以来はじめて貞節を称賛、奨励するために出された特令である。その特徴は政治的にも顕彰し（「門閭に旌表する」）、経済的にも援助する（その家の差役を免除）ことで、社会に女性の貞節をその家族の栄光の象徴とし、男性は女性の守節によって家門を輝かせ、人より抜きん出ることが出来た。こうして、明代では守節をさらに一歩推進した。

清代になると、貞節は極めて狭義なものになり、それはまるで宗教のようになった。文章で宣伝、称賛する学者が多くあり、法律で大いに奨励し、社会的にも比較的広範囲に渡って女性が貞節を厳格に守ることが万古不易の経義であると承認されていたといえよう。清の順治十三年（一六五六年）、順治帝は『内則衍義』を編纂した際、その序文に次のように書かれている。

礼は己を持す要であり、その類に九つある、敬しんで祭祀、家政を粛み、変を定め、貞を守り、節を殉じ、好尚を端だし、倹約を崇め、言を慎むことである。[20]

当該書の「守貞」の章で「身を守るは女子の第一義」、「殉節」の章で婦が夫のために死ぬのは、古の大経〔人が踏み行うべき大道〕であると提起しており、この二つの句はのちに清代の信条になった。更に、康熙年間（一六六二～一七二二）に藍鼎元が著した『女学』は、非常に広く流布した。『女学』では次のような内容を宣伝する。

男女の防〔堤〕と人獣の関〔関門〕は、もっとも慎重にすべきであり、乱してはならない。夫が死んでも嫁がないのは、もとより普通のことである。

不幸にして凶暴な事件に出会えば、ただ死ぬしかない。玉のように潔らかならば、余栄〔死後にまで及ぶ栄誉〕があるであろう。死を畏れ、生を貪り、節を失うにいたれば、名は人であるけれども、実は禽獣と異ならない。[20]

上記の通り、藍鼎元の主張は実に徹底しており、女性の貞節に対する清代の学者の態度を率直に表している。

さまざまな勢力の推進と呼びかけのもとでいわゆる「節婦」、「烈女」は明清時代にますます増えていった。これについてくわしくは第五章で述べる。

第二節　明、清時代における貞節旌表のプロセス

以上は歴代王朝の貞節「旌表」の概説であるが王朝の貞節「旌表」は具体的にどのように実施されたのか。この実施過程から徽州の貞節牌坊が建てられる背景、その条件と手続を明らかにすることが出来よう。

本節では明清時代の貞節旌表制度について述べておく。

2.1.　明代の国家貞節「旌表」の流れ

明（一三六八〜一六四四）清（一六四四〜一九一二）時代は貞節理論と貞節旌表制度が改善、整備

された時期であると言える。その時代に貞節思想理論からの貞節旌表制度は対象の選定、資格の認定、申請手続き順序、審査、表彰の方式などのルールが定められ、国家管理システムの一環になった。婦女の旌表は皇帝の一人の詔ではなく、国家常態管理事務の一つになった。

歴代の資料、特に皇帝の詔には歴代の貞節旌表の記録を見ることが出来る。しかし、この貞節の旌表は大部分皇帝個人の詔の形式で実行されたので、それを政府の国家管理体系中の一環としての「制度」と言うことは出来ない。「制度」というからには、個人の意思ではなく、固定した判断基準、審査及びその手順、例年固定の実行期間などが不可欠である。

貞節旌表の記載の資料に、歴代貞節旌表に関する記載がある。それらの貞節旌表によれば、明清時代における貞節旌表制度化の経緯が分かる。明代の貞節旌表は以前の歴代の旌表方法を纏めて、特自の審査方法を入れ、貞節旌表制度を改善した。

明代の貞節旌表の流れは前代と同様先ず地方政府の「挙名」から始まり国家観察官僚の「体覈」つまり「体核」（審査または確認）に移る。たとえば宋濂『宋文公全集』巻十六「徐貞婦鄭氏伝」に記載されている例を見てみよう。

洪武二年、知県何忠、以貞婦年三十、夫亡、寡居二十八年、氷清玉潔、可以励民風、乃上其事於府、知府王珍加覆覈焉、浙江按擦検事張思立復廉其非誣。然後具牒上書中書、以次達之中朝。三年四月得旌表其門。（洪武二年〔一三六九年〕に、ある節婦は夫が亡くなって、三十歳から寡婦になり、以降の二十八年間に純潔で貞節を守って、民風にいい影響を与えた。知県何忠はその節婦の事跡を知府に報告して、知府王珍はこれを確認した後、浙江省按擦検事張思立はもう一回その節婦の事を審査して確認した。その後、文書を作って、朝廷まで上告した。そして、洪武三年に、その節婦は朝廷からの旌表をもらった。）

上の文より、旌表申請の流れが分かる。すなわち「県」から「府」に「上報」申請、府は「覆覈」（確認）後、監督機関の「按擦院」に確認されてから「中書省」（中央政府の省）に奏聞（王朝時代に大臣が皇帝に仕事について報告する）し、最後に「朝廷」の許可を貰う。

洪武二十六年に、明朝政府は新しい旌表制度を作り、これにより以前より手順は複雑になった。明の国家法典『大明会典』巻七十九「旌表」に次のように記されている。

洪武二十六年定：礼部据各処申来孝子、順孫、義夫、節婦、理当旌表之人、直隷府州咨都察院、差委監察御史覈実、各布政史所属、従按察司覈実、著各府州県、同里甲親隣、保勘相同、然後明白奏聞。即行移本処、旌表門閭、以励風俗。」（洪武二十六年の規定：直隷府と州の咨都察院は監察御史を派遣して、礼部の各地からの孝子、従順の孫、徳行の男、節婦などを旌表する人の資料を審査し、各布政史に所属の按察司がそれを確認して、各府州県、郷、親族はそれら人の人徳を担保してから、本処に報告して、門でそれら人を旌表して、民風を影響する。）

この法令には「同里甲親隣、保勘相同」（地元の近いところに住んでいる人たちが節婦の人徳を担保と確認する必要がある）という内容が入っている。つまり、先ず地元の紳士・族長などが、地元の節婦など優秀な者を地方の政府に報告するということである。基本的手順は次の様にまとめられる。

社会低層紳士、儒者推薦→村郷の担保と確認―州県→府→道→監督機関（按察院）再確認と審査→礼部に合同で奏聞→皇帝許可

旌表の許可を貰った後、礼部から公文で地方政府に旌表命令公文を送る。その内容は例えば「…照例給官銀三十両、令本家自行起蓋牌坊、…」（例のように三十両の官銀をあげて、自家が牌坊を建築することを命令する）（『礼部志稿』巻六十五「旌表備考」）というような文面であった。明代と清代の旌表制度はおおよそこのような手順である。

政府に旌表される節婦は必ず規定の条件を満たす必要がある。その条件は、前に言及した明の太祖朱元璋が洪武元年（一三六八年）発した詔にある。つまり、「民間寡婦三十以前亡夫守志、五十以後不改者」（民間の寡婦は、三十歳以前に夫がなくなったのに志を守り、五十歳以後も節を改めなかったもの）、それゆえまず寡婦、それも民間の寡婦でなければ実行できず、さらに『大明会典』巻七十九「旌表」貴族や「其官職及び科目出身者、具不與焉」（夫か子供か官職または政府の役人なら、旌表を与えない。）「守節」の開始年齢は三十歳以前、守節年数は二十年間以上である。明朝は節婦が無くなった後（審査途中含む）旌表が出来ない規定もあったがこれは清代に改められた。徽州の貞節牌坊に記録されている節婦は死後数年または数十年後に朝廷からの旌表を貰って、族人に貞節牌

坊を立てられる節婦もいた。

このように縦社会の下層から中央政府へ申請し、審査する手順を踏んだ上で、中央礼部の「奏聞」を通して皇帝の旌表許可を貰う方法は審査が厳しく時間もかかるが、中央政府と皇帝から直接表彰されるためその「旌表」は最も名誉であった。この方法で「貞節牌坊」の建設許可を貰った場合、その貞節牌坊の上に「恩栄」（皇帝からの恩と光栄）または「聖旨」（皇帝からの指示）などの大きい文字が彫刻され、あるいは文字の周りに竜などの皇帝権力の符号と図形などが彫られることもある。（第四章「徽州の貞節牌坊」参考）

貞節旌表の申請はこれだけではない。中央政府のみならず地方政府も管理範囲内の節婦に旌表をすることができた。審査は中央政府の「奏聞」（王朝時代に大臣が皇帝に仕事について報告する）に対し手順も簡素で、審査も厳しいものではなかった。奨励形式は大部分扁額や経済の援助などが多いようである。

旌表される対象から言うなら、「民間節婦」が主要な対象である。「民間節婦」以外では、「其官職及び科目出身者、具不與焉」規定があるが官職、科目出身の節婦旌表の例もある。費糸言（一九九九年）はこの方面の旌表は政府「例制」の「例外」と称している。

明代の旌表制度の記載には節婦に関する内容が多いが、管見のかぎりでは、烈婦烈女の表彰規定は見当たらない。後述するように、清代には「烈」を禁止する詔もあったことから、烈婦烈女の行為より節婦が歴代政府に重視されたと言えるかもしれない。

中央政府と地方政府は以上の方法で、政府の旌表制度を柔軟に使用し、貞節女性を表彰している。これらの貞節女性を通して社会風紀を宣伝し、社会の秩序を維持していたといえよう。陳青鳳（一九九八）は明代の貞節女性の旌表制度に対して次のようにまとめている。

明代の節婦の旌表は、ただ門閭の名誉となるだけではなく、差役免除という実際的利益さえ得られるようになった。婦女旌表制度の整備と差役免除の特典は明代旌表の特徴であろう、…明代婦女旌表制度の特徴となるものとして、外に「貞烈碑」「貞節牌坊――筆者注」が注目される。〔中略〕明代における婦女旌表の方法として後まで引き継がれて、清朝はその対象を節婦にも及ぼし、さらにその規模を「専坊」や「総坊」などにまで変化させていることは注目すべきであろう。

明代の旌表制度内容から、表彰の方法や手続き、節婦資格の認定などの制度規定が順次整備されたことが分かる。

2.2. 清代の節婦旌表の資格規定の緩和

清朝は中国最後の封建王朝である。一六四四年に明代を滅び、清の軍隊の「入関」後、順治（一六四三－一六六一）、康熙（一六六一－一七二二）、雍正（一七二二－一七三五）、乾隆（一七三五－一七九五）、嘉慶（一七九六－一八二〇）、道光（一八二〇－一八五〇）、咸豊（一八五〇－一八六一）、同治（一八六一－

一八七五）、光緒（一八七五－一九〇八）、宣統（一九〇八－一九一二）と、一〇代の皇帝を経て、二六九年の中国支配の歴史がある。清代の婦女旌表制度は明代までの制度を受け継ぎ、さらにそれを拡大整備したものである。旌表制度の実施の手順は明代とほぼ同じであるが、節婦旌表の資格規定は緩和された。主に、明代の旌表制度には「命婦」（封命を受けた婦人の称）、または貴族の節婦の旌表はうけられないという原則があったが、清の時代にはその制限が緩和され、誥封を受けて命婦となった場合は旌表を受けられると規定していた。王室の節婦には手厚い旌表も行っていた。また、守節時間規定も緩和された。康熙（一六六一－一七二二）時代の『大清会典』巻四百三、康熙六年の条に「民婦三十歳以前夫亡守節、至五十歳以後完全節操者、請旌表。」（三十歳以前に夫が亡くなって、五十歳以降まで完全に守節した民間の婦人には旌表を申請する）とあり、「守節二十年」の条件が分かる。『大清会典』雍正元年の条には、「節婦年逾四十而身故者、計其守節十五載以上、亦令応酌量旌表（中略）、凡有節義之人、従前無力、不能上達者、悉行申報督撫・学臣、其守節十五載以上、逾四十而身故者、亦令各地方官擄実報明、一例旌表。」（四十歳を超えて亡くなった節婦は、守節の時間が十五年以上なら、その節婦を旌表することを命じる。）とあり、守節時間は十五年になった。『大清会典』巻四百四（本巻は嘉慶朝から光緒朝までを含む）、礼部旌表節孝二、道光四年の条には、「議準安徽省全椒県民婦王楊氏、守節十三年身故、按照成例計少二年、応援已故貞女不拘年限之例、比照現存婦二十年例限之半、定為守節十年、一体旌表。」（安徽省全椒県の婦人王楊氏は十三年間守節して亡くなり、以前の例より二年間不足であるが死亡の貞女の守節時間の計算は制限がないとの例により、楊氏の守節時間は現在の節婦の守節期間二十年の半分と定め、旌表する）とあり、改めて「守節十年」の新規定が設けられた。さらに、『大清会典』同治十年の条には、「(同治)十年覆準、死後孀婦守節至六年以上身故者、一体旌表。」(同治十年の規定：守節時間が六年以上の未亡人は亡くなった後、旌表ができる。)として、「守節六年」の新規定が設けられる。[21]

ここで忘れるべきでないのは、清朝は貞節倫理を盛んに提唱したとはいえ、婦女の生命が無為に失われるのに忍びず、しばしば「節烈軽生従死」の禁令を出したことである。『大清会典』雍正六年の条に当該禁令を出した。また雍正十三年の禁令には次のようにいう。

凡烈婦軽生従死、(中略)仍有不顧軀命、軽生従死者、不必概予旌表。(生命を軽視して死する烈女を旌表しないこと)

すなわち、生命を重視せず、亡くなった夫の為に殉死する節婦を旌表しないとの規定が全国に配布されたのである。この点こそ、新文化運動時期及び以降の貞節観の批判者たちに見落とされたものである。

このような死亡節婦の守節に対して、旌表資格が大幅に改訂されたのは儒家の倫理規範が社会現実に柔軟に対応し、貞節思想とその実践制度自身を調節しながら、中国の歴史上に儒家の学説と現実社会が相互作用、相互調節していたからであると言えよう。

清朝の中後期には社会と経済の激動も始まり、西洋の進化論、民主自由などの思潮が中国に入っていて、二〇世紀初期にいたって五四時期新文化運動が盛んになった。貞節思想などの儒家理論と国家貞節旌表規定などの社会制度の変化も始まり、これも時代と社会の変化の一つの兆候であろう。

前述の貞節表彰のほか、清朝におけるもう一つの旌表政策は「建坊銀」制度である。次の章に述べる徽州の貞節牌坊の建設費用は、地元の徽州商人による財政支援から賄われたのである（第三章参考）が、朝廷も牌坊の建設費用についての規定を有していた。

2.3.「建坊銀」制度

清代の貞節女性に対する旌表の方法は、扁額の賜与・建坊銀の給与・節孝祠における祭祀などであった。「坊」とはすなわち記念碑であり、題名・題字を主題として、周囲に綺麗な模様を刻むものであった。貞節女性に旌表するために造られた記念碑は通常「貞節牌坊」、または「貞節碑坊」と言われている。

清朝の建坊銀制度は『大清会典』順治十年の条から確認できる。「建坊銀」とは官府から銀三十両を与え、坊を建てる費用にさせたことからきている。この建坊銀の制度は清朝を通して維持されたが、節婦・烈婦一人につき三十両という高額の銀を与えたことから、清朝がこの旌表政策に相当な重点を置いていたことが知られよう。[22] 建坊銀の授与は最初官府から下の各階層の「胥吏」（小官吏）を通して節烈婦の家族へ転送される。建坊銀を貞節女性の家族に授与した後、政府がまた建坊銀の用途を確認する制度もある。

『大清会典』乾隆二十四年の条は次のように定める。

凡有烈婦烈女応行建坊者、銀該地方官給之後、即令本家於三月之内建造完後、上鐫旌烈字様、不得任其遅延、…完後之日、地方官仍具結甲報上司査勘、並不許胥役籍端需索。（節婦烈女に牌坊を建築する家は、地方政府から官銀をもらってから三ヶ月以内に建造工事を完成させて、牌坊の表面に旌表の文字を刻して、工事の延長を許さない、…牌坊の工事が完成後、地方官吏は上告して審査を受けて、牌坊の工事を通じて金銭を強要することを許さない）

すなわち、官府より建坊銀が給与されてより三ヶ月以内に節烈女の家が坊の建設を終わらせること、及び坊が完成した日に地方官吏は上司に報告して検査を受けることなどを規定している。ところで、建坊銀両また地方財政の負担も相俟って、清代の中後期以降、節烈婦女の数が急増すると、国家にとっては建坊銀支出額の増加が一つの財政的な負担となった。一度に多数の婦女が戦乱によって殉難し、殆ど建坊銀の支給が不可能となったさいには、清政府は新たな建坊銀制度を採用した。それはすなわち、「総建一坊」という貞節女性合祀の建坊方法であった。『大清会典』嘉慶四年の条には次のように定める。

湖南省乾州・永綏・瀘渓・叙浦・保靖・武領等属、被賊戕害之婦女等、各庁県毎処総建一坊、毎坊給銀三十両、交各該地方官支領、於通衢大路、択地克期建立、所有婦女姓氏、全行鐫刻於其上、仍将建坊日期報部、並令各督撫等隋時査覈、毋許冒支冒領、其冊内未載姓名者、均令詳細査明、毋使一人淹没。（湖南省の乾州・永綏・瀘渓・叙浦・保靖・武領等所属地は悪人に害されて

亡くなった婦女に毎県に一つ総牌坊を建築する、一つの牌坊に政府は三十両の銀を各地方に支給し、交通要道の所に場所と日にちを選択して牌坊を立て、牌坊に被害婦女の名前を刻して、牌坊工事の時間を上司に報告し、督撫の審査を受けて、牌坊銀の支給・領収の詐欺を許さない、記録しなかった死者の姓名を確認して、漏れることを許さない）

すなわち、僅かに三十両で多数の貞節女性を合祀する一坊を総建する制度は湖南省に始まって、やがて広まったことが記されている。『道光二十五年の大清律例増修統纂集成』巻十一は次のように記載する。

各省彙題節婦一項、其阨窮守節者、査明係何県人民、応規何府何州何庁管轄、統計所属節婦具有若干口、題準後、給銀三十両、於各該府州庁官為総立一坊、毋庸按口給銀、致啓侵冒抑勒之弊。（各省の守節婦女の所属地と人数を調査と判明して、牌坊の建設の許可をもらってから、政府は牌坊銀三十両を支給し、一基の総坊を建築する、婦女の人口により銀を支給しない、牌坊銀の詐欺を避ける）

流民の節烈婦女を対象として、各省ごとに総建一坊の制度による一坊を建立したことが分かる。これまで知られている中国国内最後の「貞節牌坊」、一九〇五年に建立された徽州の「孝貞節烈坊」にもまた、「徽州府属孝貞節烈六万五千零七十八名口」（徽州府に在住の貞婦節婦烈婦孝婦

六五、〇七八人）との文字が刻まれている。
清代には節孝祠を建設して、貞節女性を祭る制度もあった。これは、貞節烈女が忠孝義者と同列の模範として社会から尊敬を受けたということを示している。例えば、徽州歙県の棠樾村鮑家の女祠はその例である（第五章　第六章参考）。

第三節　貞節観実践の指南――女訓書

貞節旌表以外に、前文も言及した『列女伝』、『女誡』など歴代の女訓書が貞節観の理論から実践へのかけ橋として重大な役割を演じた。本節では代表著作と言える『女誡』、『列女伝』及びそれら女訓書の観点を考察する。

3.1.『列女伝』と『女誡』

漢の礼教が登場した後、儒教学説の社会地位の上昇と影響の拡大により、女子教育の必要が痛感されたのであろう、それに応え当時の学者劉向（紀元前七七年〜紀元前六年）は『列女伝』を著した。『列女伝』は尭舜以来の歴代の女性を母儀・賢明・仁智・貞順・節義・弁通・孼嬖《げつへい》の七類目に類別してその略伝を載せている。これは儒教の立場から女子の教訓を主眼としたもので、中国において最初の女訓書であると言われている。[23] その約一〇〇年の後、班昭が『女誡』七篇を著わした。班昭の字《あざな》は恵姫、または恵班といい、歴史家班彪の娘、有名な漢書の著者班固の妹で、早くより才学を以てあられ、兄班固の漢書も彼女が継続して完成したと言われている。彼女は『列女伝』の注も作成したが、そのほかにも自ら『女誡』を著わした。『女誡』は「三綱五常」「三従四徳」の原則に基づいて、女性言行と人徳などを系統的に纏め、婦女の生活行為の標準をしめした。

『女誡』は全部で七篇（一、卑弱、二、夫婦、三、敬慎、四、婦行、五、専心、六、曲従、七、叔妹）、序文を入れて約千六百字の中に、婦徳、婦容、婦功、婦言の四徳の義を説き、「且つ舅姑に曲従し、叔妹と和すべき」としている。男女関係について『女誡』は「陰陽性を殊にし、男女行を異にす。陽は剛を以て徳となし、陰は柔を以て用となす。男は強を以て貴しとなし、女は弱を以て美となす〔後略〕」、と言われているように婦女の卑弱を主張し、同時に夫婦篇に「夫婦の道は、陰陽に参配し、神明に通達す。〔中略〕婦賢ならざれば、則ち以て夫に事ふる無し、夫賢ならざれば、則ち以て婦を御する〔後略〕」などの夫婦間の「処世方法」を教えている。[24]

また、『女誡』の「専心」篇と「礼」では、夫には再婚の義があるが、婦には二適（再嫁）という言葉はない。そのゆえ、「夫なる者は天である」。天はもとより逃れることはできず、妻からすれば夫はもとより離れることはできない。と述べている。これらの「貞節」を表す言葉は後世の名言になった。

班昭の観点は儒家の学説と一致するだけでなく、それが女性の立場から唱えられたためにその影響は非常に大きく、以後二千年間中国の女性観を規定したといわれる。ここにはじめて系統的で実用的な男女倫理規範が確立した。以後、儒家の女性倫理の教科書が多く出た。たとえば唐の太宗の皇后である長孫皇后（六〇一〜六三六）の『女則』三〇巻、鄭氏の『女孝経』十八章（唐）、宋若莘の『女論語』十二章（九世紀初）、明仁孝文皇后（一三〇二～一四〇七）の『内訓』二十章、清藍鼎元（一六〇八～一七三三）の『女学』、陳弘謀（一六九六～一七七一）の『教女遺規』、王相の『女四書』（一六二四）、王相の母の『女範捷録』、李晩芳（一六九一～一七六七）の『女学言行録』などの儒学の教科書は貞節観など儒家文化を実践へと転化させ、社会各階層へ普及させ、その結果貞節女性が多く生まれた。[25]

『列女伝』と『女誡』は中国歴史上に男女関係、とくに夫婦関係について、日常生活に女性の言行などが儒家学説に合うかどうかの判断標準を明確にし、これにより男性と女性は自己言行の評価ができるようになった。これは漢代以前にないものである。その指南書の影響で、貞節観は系統的、理論的な知識から現実の生活での実際の運用と実践へと転化することが出来るようになった。『列女伝』と『女誡』は論理が明確で、言葉が優雅であり、暗記と実行がし易く、中国女性理論の宝であるといっても過言ではない。

これらは二〇〇〇年前の著作である。そのとき中国の北の遊牧民族「匈奴」にはまだ「母子結婚」の風俗があった。例えば、紀元前三三年、中国四大美人の一人と言われた王昭君は漢元帝の命令によって匈奴の単于呼韓邪と結婚した。呼韓邪死後、王昭君は成帝に長安に帰るのを申請したが皇帝は王美人に「従胡俗」（胡の俗に従う）を指示して、王昭君は胡人の習俗によって呼韓邪の息子と結婚した。[26] 董家遵はこれが「収継婚（Marriage by Succession）」（父がなくなった場合、父の妾が長男の妻になること、兄がなくなった場合、兄嫁が弟の妻になること）であると指摘した。[27]『漢書・匈奴伝』にまだ「…単于身殺其父代立、常妻後母、禽獣行也」（王は父を殺す、後母と結婚、禽獣の行為）の記載もある。[28]『列女伝』と『女誡』が完成した時代に、漢朝の周りに匈奴のような未開の野蛮族と国がまだ多かった。

封建的男権社会の現実に、『列女伝』と『女誡』は女性自身の幸福になるための意識を喚起したと言えるのではないか。即ち、女性は男子と繋がることこそが自己保護の方法の一つである。その時代の家庭は三世または四世共に暮す大家族が多いので、『女誡』の内容に従えば大家族の人間関係は円滑にすることができる。『列女伝』と『女誡』は成立以後の二〇〇〇年間に中国の家庭安定と社会継続に大きく貢献し、中国社会文明を一層推進させた著作と言える。

しかし、その観点と逆に、五四運動以来の女性史研究者たちはほぼ陳東原と同じ口調で『列女伝』と『女誡』を批判している。陳東原は「班昭女誡，総系統的把抑圧婦女的思想編纂起来，使他成為鉄鎖一般的牢固，套上了婦女的頸子[29]」（班昭の『女誡』は女性を抑圧する思想を系統的に編集して、貞節思想を鉄鎖のように堅固にし、女性の頸に掛けた）と述べ、汪芬玲は「可見班昭自己中封建宗法毒素之深、対後世婦女毒害之深！[30]」（班昭本人が封建宗法に深く毒され、後世の婦女に対し害を与えたことが分かる）と言い、また日本の山川麗も「…女性観確立の上には一種大きな災厄だったともいえましょう[31]」と述べている。

漢朝の劉向『列女伝』、班昭『女誡』の登場は中国先秦以来、奴隷社会の終結と封建社会の進化の規律、中国の歴史的過度期の戦国時代の「百家争鳴」の必然的な結果であると思われる。中国社会男女の関係と生活に深く影響する著作には必ず理由がなければならない。つまり、貞節理論の登場には「合理性」があったと言えるだろう。

以後の貞節観の形成は『列女伝』と『女誡』と密接な関係がある。しかし、貞節理論はその時代に初めて形成されたことから、男女の性関係への実際の影響はしばらくのあいだ強いものではなかった。司馬相如が寡婦卓文君（紀元前一七九～紀元前一一七）を連れて逃走するような例がまた多く、[32]寡婦の再婚も多かった。

第一章との関連で言えば、漢から唐までの時代は貞節思想理論の形成期であり、その期間に貞節思想は男女倫理規範、日常生活の指導理論を重視しているが、貞操の重視はそれほどでもなかった。しかし、宋代から『列女伝』、『女誡』などの貞節指南書によって女性の行為への影響は次第に強くなっていた。社会の上層において、『列女伝』と『女誡』などの女訓書は良家の娘たちが勉強しなければならないテキストになった。長い封建時代に男性は出世のために『四書五経』などの儒家経典を勉強する。女性は科挙への参加が認められていなかったが、将来の家庭と子供の為に、賢妻良母を目標として『女誡』、『女四書』の教育を受けていた。幼い頃から男女の社会分業の準備はもう始まっていたのである。

3.2. 貞節理論の形成と実践に影響した主要な著述

貞節理論の形成過程は、漢代の礼教と宋代の理学理論の外にも、多くの人がその理論を絶えず実践に移してきた過程でもある。それは歴代の女訓書の編纂とその内容が変化する過程に見ることが出来る。以下に貞節理論の形成に強い影響を与えた歴史的文献と主要な観点の一覧表を挙げ、それを通じて、貞節理論の形成と発展、実践の過程を一望したい。

貞節理論と実践史に影響する代表的な人物と著作一覧（陳東原『中国婦女史』などを参照し、筆者作成。）

年代	人物	著作	代表的な思想（主要内容）	特徴
春秋以前	未詳			無規範の男女関係の混乱の時代
春秋時代		『易経』	家人利女貞　能正乎内（女性は貞になら家庭がいい）	貞節観未形成時期の理論
戦国時代	戦国百子	『儀礼』『礼記』	女性の服装の様式は家族の男性に従う、「三従」礼儀提出	女性に対して礼儀の論理初めて現れる
秦	秦の始皇帝		男女礼順　慎遵職事（男女は礼儀を守って、仕事する）	断崖石刻に刻印理論実践の開始
漢の初期	董仲舒（前一七九～前一〇四）	罷黜百家、独尊儒術	三綱五常理論初めて登場	社会の人間関係と男女関係の理論システムの形成と登場
前漢	劉向（前七七年～前六年）	『列女伝』7巻	母儀・賢明・仁智・貞順・節義など	女性教訓書の初登場、女性行為規範の明確化
後漢	班昭（女）	『女誡』七篇	「卑弱」・「夫婦」・「敬慎」・「婦行」・「専心」・「曲従」・「叔妹」7編	漢の女性行為規範の系統的理論補充と指南
唐	長孫皇后	『女則』30巻	考証資料無し	系統化女性教訓書（現存せず）

年代	人物	著作	代表的な思想（主要内容）	特徴
唐	鄭　氏（女）	『女孝経』 十八章	「后妃章」（宮廷王妃の行為規則）、「事舅姑章」（舅姑を世話する）、「賢明章」、「胎教章」（胎児の教育）等18章	各階級女性行為指導理論の系統化
	宋若莘（女）	『女論語』 十二章	立身、学作、学礼、早起、事父母（父母を世話する）、事舅姑（舅姑を世話する）、事夫、訓男女、営家、待客、和柔、守節	日常生活の規範指導、「貞節柔順」を強調
宋	周敦頤 程　顥 程　頤 朱　子	「理学」倫理 理論体系化	礼理也、楽和也、陰陽理而後和、君君臣臣父父子子兄兄弟弟夫夫婦婦、万物各得其理然後和。（禮は理なり。樂は和なり。陰陽理ありて而して後に和す。君君たり臣臣たり、父父たり子子たり、兄兄たり弟弟たり、夫夫たり婦婦たり。萬物各々其の理を得て、然る後に和す。）	社会に貞節理論を強調、人間関係特に男女関係に厳しい規範を提唱する
明	仁孝文皇後 呂坤	『内訓』 二十章 閨範	女徳有常　不踰貞信、婦徳有常、不踰孝敬、	女性の徳性と修身を強調、貞節を強調、孝行を強調する、貞節実践制度体系化
清	藍鼎元（康熙年） 陳弘謀（乾隆年） 王相の母（女） （乾隆年） 王相 李晩芳	『女学』 『教女遺規』 『女範捷録』 『女四書』 『女学言行録』	忠臣不事二国、烈女不事二夫（忠臣が二君に仕えずとし、烈女が二夫に嫁せずとする）。男可従婚　女無再適（男は再婚ができる、女は再婚しない）『女誡』『女論語』『内訓』『女範捷録』を編集して『女四書』と言う女性教訓書を印刷、発行	節婦烈女と忠臣並列、「忠夫」と忠国並列、貞節理論系統を強調、歴代女性倫理と説教の集大成

以上の理論著作は知識人または上流社会が当時の儒家の学説によって編集した具体的な行為指南とも言えよう。これらの指南書と社会に流布した儒家の倫理とが、当時の女性の思想から日常生活における習慣と行為に至るまで、「是」か「非」かという基準を提示した。女性はその指南と基準にしたがって実践するが、その実践の過程は女性一人のものではなく、夫、もしくは家族皆が参与し監督するものでもあった。女性は女性倫理と道徳規範の実践者となり、その実践の結果は列女伝と地方志などに記録された。その記録は社会に公開され、社会各階層の検定と評価を受け、貞節倫理の実践を推進した。『女誡』と『内訓』などの著作は烈女伝、地方史等の記録と社会世論とともに、社会倫理の規範機能を強化し、社会秩序を維持するものであった。

おわりに

以上のように貞節観は歴代の国家の貞節「旌表」制度と民間の貞節教育を通じて、社会において実践されていた。その実践の過程は貞節理論の発展と共に、宋以前の零細・寛容から明清時代の系統化・厳格への曲折・反復として次第に普及されていく過程であった。

政府の貞節表彰の制度は貞節思想理論と相互に作用して、理論と実践両方から共同で人間社会に貞節観を推進し、女性の言行と男女間人間関係の規則を指導していた。女性の貞節表彰制度は科挙制度や納税制度などの様々な制度と同様、封建社会における重要な制度と言える。

一旦普及した貞節観がなぜ衰退していったのだろうか。最大の原因はやはり序章で言及した「新文化運動」の衝撃である。

一九一四年三月一一日、大統領袁世凱は貞節旌表の「褒揚条例」を発布した。しかし、今回の国家貞節旌表は「逆戻り」現象として知識人たちに非難された。当時の中国では、西洋文化の流入に伴い、知識人たちは従来の儒家学説とまったく異なる西洋思想をもって、北洋政府の「復古的」な貞節観を批判していた。貞節「旌表」と民間の貞節教訓書の宣伝も歴史の舞台から次第に退場した。国家「旌表」政策によって誕生した歴代の貞節牌坊は貞節女性の貞節の事跡を反映すると同時に、中国封建時代に特有な国家貞節「旌表」制度の記録を保存しているのである。

現在では貞節牌坊と貞節女性の社会現象にしばしば焦点が当てられるが、これによってはその後の国家貞節制度及社会各階層に広く伝わっていた『女誡』などの貞節実践指南の力を見落とすことになりかねない。

儒家学説は貞節理論の源であるが、貞節旌表と貞節教訓書の教育もまた直接の貞節女性と貞節牌坊の登場を促進したのである。

注

1 劉達臨著、鈴木博訳、二〇〇三年、二八〇頁参照。
2 孫希旦、一九九〇年、一四一六頁～一四一八頁。
3 陳東原、一九七七年版、二九頁。

4　陳東原、四二頁。
5　始皇帝の貞節刻石に関する論述は最初、陳東原の『中国婦女生活史』に記述されている。以後の関与論述は大体それに依拠して展開するものである、例えば、劉達臨の『中国性愛史』、章義和『貞節史』などど。なお、刻石文の日本語訳は鈴木博訳による。
6　陳登原（一九〇〇〜一九七四）『国史旧聞』巻28、三二二頁。
7　（漢）班固『漢書』、一九七八年。
8　陳東原　前掲　四二頁。
9　（魏）範曄『後漢書』巻五「孝安帝紀」、一九七九年版。
10　（北斉）魏収『魏書』、一九七五年。
11　『宋書』本紀第八「明帝」。一九七五年。
12　費糸言、一九九八年、七五頁。
13　『隋書』巻六十六「列伝第三十一」。
14　前掲注1、二七八頁参照。
15　『隋唐』　巻二四「食貨」。
16　（宋）宋祁、欧陽修『新唐書』　巻五十一「食貨一」、一九七六年。
17　陳青鳳　前掲。『宋会要輯稿』礼六十一「旌表」、英宗治平三年の條。
18　陳青鳳、一九九八年、第16号。
19　『大明会典』巻七十八「旌表門」。
20　前掲注1、二八五頁。日本語訳は鈴木博訳による。
21　ここに列挙される『大清会典』の条文は陳青鳳の『清朝の婦女旌表制度について』を参照している。

22 陳青鳳　前掲。
23 山川麗、一九七七年八月、四五頁。
24 山川麗、一九七七年八月、付録一『女誡』全文参照。
25 本節「貞節理論の形成に影響した人物と著述」は一覧表を参考。
26 『漢書』巻九四（上）・「匈奴伝」。
27 董家遵、一九九八年一〇月、三一頁。
28 前掲注26。
29 陳東原、一九七七年版、四八頁。
30 汪芬玲、二〇〇一年、一〇五頁。
31 山川麗、一九七七年八月、四七頁。
32 『史記』巻一一七「司馬相如列伝」。

第Ⅱ部　貞節観の伝播と原因、節婦烈女の分類と統計

第三章　貞節観の伝播と貞節行為の原因分析

はじめに

貞節の理論形成と実践の過程に貞節観も伝播して、次第に社会の各階層と各地域に流布、拡大した。貞節牌坊も登場し、その数が増えていた（第Ⅲ部で詳述）

資料調査を通じて明清時代の中国には、黄河流域の山西省、北京、山東省の曲阜、単県、そして長江流域の蘇州、徽州、四川省の隆昌県、及び中国南部珠江流域の潮州、広州などの地域に牌坊と貞節牌坊が多く存在していたことがわかる。

山西省の例として、例えば、清の光緒一八年（一八九二年）に編集された『山西通志』[1]は全部で一八四巻であるが、そのうち、一七四巻～一八四巻の内容は列女録である。その中には国朝（清朝）山西省内の貞節と孝節の女性一九〇三人の氏名と事跡が記録されている。そのほか四二八五一人の「附見者」（事跡が記録しない、ただ名前だけ）の女性が記録されている。また歴史的文献には、北京、古蘇州、単県、隆昌などの地域で牌坊に関する記録がよく見られ、それらの牌坊の内訳をみると徽州地域と同じく、貞節牌坊が主である。

貞節牌坊が徽州のようにかたまって見られる地域の分布から貞節観の伝播の特徴を読みとることができるであろうか。さらに、貞節観はどのように社会に伝播して次第に広がったのか、貞節観の伝播過程において国家と民間がそれを積極的に宣伝していた一方で、各階層の女性自身がなぜそれを受け入れたのか、という問題も考察する必要もあると思われる。

本章では、貞節観が厳格期へと変容する特徴と女性自身が貞節観を受け入れ積極的に実践した状況とその原因を明らかにしたい。

第一節　貞節観の厳格期への変容の特徴

宋代末期まで貞節理論と実践が寛容であったという認識は先行研究において一致したものであるが、宋以後の社会においていつから貞節観が厳しくなったのかについては、貞節烈女人数の増加に根拠を求める研究[2]があるものの、一致した結論には至ってはいない。貞節観念は宋代に「飛躍的に厳格になった[3]」との説に賛成する者が多いが、貞節観の「急騰期[4]」が明代であるとの主張、及び元代から貞節観が「急激に強化された[5]」との主張もある。

貞節観がいつから厳格になったかという問題は、貞節がいつから広汎かつ厳格に実践されるようになったかという問題でもある。これを検討するには、地域的差異、経済と儒家文化や教育のレベルの差異、階層の差異、人口の密度と分布の差異などの要素を含めて総合的に考えなければならない。それらを考え合わせれば、貞節観が厳格になっていく傾向にはいくつかの特徴があると思われる。

1.1. 封建社会の階級構造と貞節観の伝播

前章での貞節理論と実践の過程から貞節観は中国封建社会の歴史とともに存在していたことがわかった。封建時代以前の原始社会と奴隷社会時代には貞節観が存在せず、一九一九年以降の現代中国は貞節観の衰退時代である。貞節観の流布は封建社会の特有な特徴と関係がある。

階級の別が封建社会の基礎であったことは疑いなき事実である。封建社会の階級は、それを大別すれば上下対立の「統治階級」と「被統治階級」の二種に外ならないが、それをさらに細分すればいくつかの階級に分けることが出来る。そのもっとも一般的な分類法によれば天子・諸侯・卿大夫・士及び庶人の五級となる。[6] それらの封建階級の中では天子が最上級に位置する。天子は天下をより受け、諸侯は封を天子より受けてその国を治る。諸侯は天子を除いては「一人」の下、万民の上に位置する特権階級である。卿大夫は諸侯の下位の階級、士は庶人と卿大夫間に介在する一階級、卿大夫は上級にある統治者であり、庶人は下級にある被統治者である。士はその中間に居り、統治者である士（官禄がある小吏、政事補助者など）と被統治者である士民（官禄がない士民）の二種類の「士」がある。庶人は五種の階級の内、最下位、即ち地位が最も低く労役をする者が庶人である。庶人は服役の便利のために分業を有し、士民・農民・工民・商民すなわち四民を成している。[7] 下層の庶人は一番多い。このように封建社会はピラミッドのような階級構造で社会を構成していた。封建政治の特徴は二つある。即ち、縦の面より見れば「階級間の服従」が封建政治の一つの特徴であり、横の面よりみれば、貴族諸侯は天子から土地と庶民を与えられ、領主としてその領地を統治する、つまり「分化統治」である。[8]

中国封建社会が上述の垂直的な階級社会であったことから、儒家文化も支配階層から社会の低層へ、中央から地方へ伝えられた。つまり宋代の上流社会の「士大夫」階層はいち早く理家学説を受け入れて実践したのである。例を挙げれば、唐代に再婚した皇女は二七人いたが、宋代には初期の二人の皇女を除いて、八〇名以上の皇女は誰も再婚しなかった。[9]それゆえ董家遵は「貞節観念から言うなら、漢唐の儒者たちに提唱された貞操はただの理論で、空談である。宋代に実践が始まり、これは確かに歴史の大きな転換である」と述べた。[10]

しかし、この転換が社会の上流階層に限られたものである以上、全社会において貞節観の厳格な時期であったとは言えないだろう。言い換えれば、貞節観は宋代に先ず上流階層にうけ入れられて伝わり、次第に社会庶人階層へ伝えられたのである。その過程は短いものではなく、宋代の三〇〇年間を通じて成し遂げられた（第一章第四節参照）。貞節理論はその過程で厳しくなり、変化しながら上流階層から下流階層へ徐々に伝播していくが、中国の全社会の庶民階層まで広がるには相当な歳月がかかっただろう。

宋代が貞節観の転換点であるという説は、主観的な憶測であるかと思われる。つまり垂直構造の社会特徴と貞節観の伝播する速度の地域差などの要素を鑑みれば、貞節観は元代か明代に厳格になったとする観点も十分にありうる。

1.2. 経済の発展と貞節観の伝播

後述する筆者の調査から徽州だけでなく、貞節観の強い地域では経済が発達し、経済的に富裕な地域が多かったことがわかる。例えば、前述の山西省は徽州地域と同じく、貞節女性が多かった地域であるが、両地区の経済についても共通点が多かったのである。明清時代に、「山西商人」は徽州商人とともに、当時の中国商業界を二分する有力な商人集団であり、塩商・絹織物商・運輸商・穀物商などを主要な生業として、また清朝まで「山西票号」を経営して、中国の金融界に強大な勢力を誇ったことも周知の事実である。[11] 山西商人は隣の陝西商人と協力して、徽州商人に対抗しながら、明清時代の商業界に大きな足跡をのこしたのである。

第五、六章で徽州地域の経済と貞節牌坊の関係を詳しく述べるが、山西省において貞節烈女が多かった原因は、山西商人の商業活動・経済財力とも関係があると考えられる。通常、富裕な家庭は、家族の商業の経営と事業の継承などの為に教育を重視する傾向がある。女性も男性と同じ、儒家学説を勉強させ、女性は幼い時分から儒家の女性教訓を教えられ、子供時から自然に儒家倫理規範を遵守する。教育を受けた女性たちは知識と能力があり、子供の教育、自分の家族商業も支えて、地元の経済に多く貢献した。だから、徽州地域と同様、山西商人の故郷、つまり現在の平陽、太原において貞節女性は地元の人たちに評価されていた。

山西省の太原と汾州、北京、安徽省の徽州、江蘇省の蘇州、広東省の広州などの商業と手工業経済が繁栄した都市と地域では、貞節観は早くから伝播し、地元の人に実践されて、周囲に拡大していった。

1.3. 印刷技術、儒学教育と貞節観の伝播

第I部で述べたように、貞節観などの女性倫理は儒家学説システムの一部である。貞節観の伝播は儒学の伝播とともに広がっていたのであり、儒学の伝播は儒家経典に関する印刷業・出版業技術の変化と密接な関係がある。

儒家の経典として、『周易』『尚書』『詩経』『周礼』『儀礼』『礼記』（『大学』・『中庸』を含む）『春秋左氏伝』『春秋公羊伝』『春秋穀梁伝』『論語』『孝経』『爾雅』『孟子』などがあり、これらは俗に「十三経」と呼ばれている。北宋の前に、それらの儒家経典の流通と宣伝は紙の製造と印刷技術が低いうちは限定的なものであった。しかし北宋時代に活版印刷が発明された後、それは社会に大きな影響を持つこととなった。かつては社会のごく一部の階層にしか書物が読まれることはなかったが、次第に書物は普及し、もっと広い階層の人々が読めるようになった。これも宋代以降、貞節観の理論と実践が社会の上流階層と一部の地域に多く受け入れられ、社会的影響が段々と強くなった重要な原因であろう。印刷技術の「革命」で印刷産業を発展させた印刷業の三つの形式は、「官刻」（国家による出版）、「私刻」（自家出版）、「坊刻」（町の彫刻製版）であり、一六～一七世紀に発展した。「私刻」と「坊刻」の印刷内容は各自で決められ、いろいろあるが官刻は政府の所有「機関」で主に科挙用の儒家の経典を印刷した[12]。明代の後半、書籍の需給は急に増えたが書籍の価格は下がり、全国の出版業は未曾有の繁栄を迎えた[13]。

印刷業と出版業の繁栄とともに、儒家教育も飛躍的に全国で展開されていた。儒家教育は主に学校

教育と科挙試験を通じて全国各地で広がったが、貞節観もまた儒家教育の展開と同時に伝播していた。すなわち、儒家教育と印刷業・出版業が発達した地区に貞節観の伝播が強かったと言える。貞節観の伝播は儒家教育のレベルが高い地域から低い地域へ伝えられたのである。北京、西安などの古代政治の中心、蘇州、山西及び孔子の故郷山東省などの儒家教育を重視する地域、北京などの印刷業が発達した地域は、ほかのところよりいちはやく貞節観が厳格期に入った。一方、元末明初或いは清代になってようやく厳格期に入ったところもあった。例えば、貞節牌坊数の調査によれば、徽州地域は清代に厳格期に入ったといえる。[14] 従って、貞節観が厳格になる時期は地域によって不均衡であると考えられる。

1.4. 人口密度と貞節観の伝播

黄河流域・長江流域・珠江流域は伝統的な農業に適した土地・河流・気候で、特にその地域には古代都市も多く、人口密度が高い。清朝末期に長江中上流地域の四川・湖南・湖北省と下流地域の江蘇・安徽・浙江・江西及び河南・河北・山東省の人口は全国の人口の三分の二を占めていた。[15]

貞節観はそれらの人口集中地域から周辺へ、中原地帯の漢民族から周辺の異民族へ伝えられた。その地域は農業と儒学教育のレベルが高く、貞節烈女、貞節牌坊も多い。皇帝の命令によって編成された『古今図書集成』（一七二五年）に記録された節婦数は九四八二人であるが、これらの節婦は以上の地域の出身者が多く、他の地域、例えば、チベットなどには人口が少なく節婦も少なかった。また、異民族の習俗や儒学政権の統制力の弱さなどが原因で、貞節観が伝播せず貞節烈女がいない地域も多かったことも指摘に値するだろう。

第二節　貞節行為の原因分析

上述の貞節思想の理論形成と歴代政府の奨励は確かに女性貞節行為の主要な原因であるが、原因の全てではないと思われる。新文化運動の間及びそれ以後に儒家の女性倫理は女性への抑圧であるとする批判が多く見られるが、それらの論者はなぜ女性が自ら自主的にその規範に服従し、貞節烈女になろうとしたのかを考慮していない。

まず指摘したいことは、理学は寡婦の再婚に反対した一方、社会の安定と人口増長などのために、歴代の政権は実際には寡婦の再婚をつねに支持していたということである。寛容期の漢唐時代の寡婦の再婚はありふれていた。[16] 宋初期の宰相であった範仲淹は「再嫁する者、銭二十貫を与える」などの寡婦再婚の扶助政策を公布施行した。[17] 明代には喪期三年後の寡婦を再婚させる規定もある。清代にはしばしば「節烈軽生従死」（節烈の為に自殺すること）の禁令が出された。[18] これらの寡婦再婚の優遇政策にもかかわらず「守節」の貞節女性は依然として多かった。「守節」女性の立場からその原因を探ることにしたい。

2.1.　「守節」と「守子」「守孝」

筆者の調査では、すくなくとも徽州地域では貞節烈女のうち、子供の出世の為に再婚せず「節婦」

になった女性が一番多い。[19]徽州地域の「立節完孤」などの貞節牌坊に表彰されていた女性はこの方面の代表であると言える。道光年間の『徽州府志・人物志』（巻十三）には、明清両代間に建てられた貞節牌坊に表彰された貞節烈女のうち三三名の事跡が記載されている。そのうち、二二人は子供の出世のために節婦になることを選び、三人は夫の小さい弟または甥を扶養する為に再婚せず、ほかは「割股療親」[20]を行った者である。

寡婦は単独で息子を扶養する重責を負う。「守子」の為に「守節」することに賛成する近代知識人もいる。徽州人胡適は新文化運動の主力の一人であるが上述の「貞操問題」で寡婦は四つの理由があれば「守節」が当然であると述べた。その四つとは、夫への愛情の為、子供の為、生活の心配がなく再婚の必要がない、高齢で再婚出来ないという理由である。胡適の母も寡婦であることから、胡適は恐らく自身の経歴から節婦の心境と「守子」の必要性を認識したのだろう。また、同時代の学者潘光旦（一九〇一～一九六七）は「優生学」の立場から「宜子孫」（守節は子孫の成長に役立つ）の説を表明した。彼は、貞節はある目的を達成するための一つの手段であり、貞節自体が目的ではないとし、「餓死事小、失節事大」は宋の以降の少数の儒者の個人的見解であった、民族の利益から言うなら、「失節事小、子孫事大」であるとの観点を主張した。[21]潘は子女の成長の為の寡母の貢献と、貞節精神の価値を強調する。潘光旦は伝統貞節観中の女性の苦難を副次的問題にして、全体の民族の利益から貞節思想中に含まれる文化理念と「守節」の現実的必要性と状況を重視する。現在の徽州地域の農村に「守子」の為に再婚しない母親はまだいる。[22]

その他に、亡くなった夫の両親または家族の老人に孝養する為の「守節」も多かった。徽州地域の三九個の貞節牌坊のうち、「孝節」の原因で建てられた牌坊が半分以上を占めている。[23] 徽州地域では「守節」も「孝」の一部と言われている。[24]

2.2.「守節」と「守家」、「守族」、「守財」

貞節烈女の守節行為は「父系社会結構的維持[25]」（父系社会構造を維持する）の機能がある。「家」は男女婚姻の結果で、社会の基本的な構成単位である。寡婦が再婚すると、いままでの「家」も無くなる。だから、寡婦の「守節」は子供を続けて扶養して、その「家」における妻の身分も続けられ、社会構成の基本単位も保持することができるなど、父系家族の継続と種族を安定させる機能を有しており、宗族社会の相続に重要な役割を演じた。

貞操の純潔は子孫の血統、夫の家族の財産の継承と支配権及び女性自身の生活などと密接的に繋がることであるため、婦女は夫の宗族及び社会に従って「貞節」を守っていたのである。徽州に官府と地元の宗族が連携して建てられた貞節牌坊はその実例である。

2.3.「守節」と「守信」、「守婦道」

宋以後の貞節理論は厳しくなり、上層から民間へ寡婦の「守節」は段々と「婦道」の一つの項目になった。「守婦道」は当時の道徳遵守であり、その道徳には女性の倫理規範以外に理学に強調される「忠・信・仁・智・義」などの男性倫理も含まれていた。夫婦婚姻関係を忠実に守ることは、個人と家族の「信用」「名誉」などと繋がっており、「守節」は「忠」「信」「義」などの儒家の信条を守ること同様、極めて重要な事になった。その原因は、宋以後に商業資本が増長すると共に、交換過程における信用の重要性が高まったことで、婚姻制度も商業化されたことに求められよう。[26] 婚約者が亡くなっても女性が未婚の夫の家に行って「守節」する、即ち、「上門守節」のという制度もあった。これは「守信」として社会に認められた。

2.4. 「守節」と「守身」[27]

「守身」は中国の伝統婦徳で、この「身」とは女性の身体と社会的身分を指している。封建社会における女性の社会的身分は女性の身体と密接な関係を持っているのである。儒家の社会管理システムにおいて婦女の社会的身分は男性の系譜によって決められる、つまり「三従」の原則で結婚前には父の「娘」であり、結婚後は夫の「妻」になり、夫がなくなると子供の「母」になる。このように女性の社会的身分は家庭内の役割と家族男性の社会身分の変化に応じて転換する。言い換えれば、結婚前の社会身分は自然の血縁関係によって決められるが、結婚後には、婚姻関係、即ち身体と性関係を通して血縁関係のない夫から社会的身分を与えられるわけである。したがって、その時代に「守身」は「身体を守る」と同時に「社会的身分」をも守ることを意味していた。これにより女性は身体と婚姻を守ると同時に、社会的身分を確立することが出来たのであり、初回の婚姻を守りながら婚姻関係に定められた社会的身分を守っていたのである。この社会的身分をよりどころとして貞節女性は性関係の対象を固定させ、初婚の夫（婚約者も含む）以外の男性と性関係を持つなどの「失節」行為を自主的に厳禁することが出来た。ある女性が夫以外からの性的侵害に遭遇するときに、身体の純潔の為に自殺することは以上の「社会的身分を守る」考えが原因となっているのであろう。夫が亡くなると婚姻関係から決められた社会的身分も無くなるのが「殉死」の一つの心理的原因である。その他、子供がない夫婦は夫が亡くなると妻が「三従」の原則で精神面、生活面において依存できるものが無くなるので「殉死」する烈婦もいた[28]。

おわりに

以上は貞節観が厳格時期へ変容する過程に現れた方向性・特徴と女性「守節」の原因について検討したものである。

秦漢時代に中央集権制が整うと、儒家思想の登場と共に貞節観も始まり、それらは清代に至るまで連綿と続いた。特に宋代には理学が流布したことから貞節のみが際立って鼓吹され、明清時代になると、国家貞節表彰制度が多く実施されたと共に、封建社会の上流階層、経済の富裕な地域及び人口集中地帯では一早く儒家学説を受け入れ、貞節観は先に厳格期に入った、一部地域では宗教的な風潮さえ帯びて強調されるようになった。そして新文化運動による批判と共に、段々と衰退していった。

貞節観の歴史は長いが、実際に厳しく実践されたのは明清時代にしか見ることができなかった。また地域、民族、階層などにより、貞節観の浸透の度合いも異なり、また、貞節烈女の人数も「無数」ではなかった。それゆえ、貞節観に対しての従来の批判は、儒家女性倫理の残酷性を強調しすぎていると思われる。貞節観のすべてが封建社会の糟粕なのではなく、儒家文化と切り離しえない一部分であると言えよう。ジュディス・バトラーは女は後天的な文化の刷り込みによって「女」になると述べたが、[29]貞節女性は儒家文化の刷り込みによって「中国の儒家女性」になったと言えよう。

儒家文化は一つの文明として、その女性倫理はただ男性が女性を「抑圧」するという単純なものではなく、長い歴史の中に、農業生産力社会の生存と発展の需要から次第に生まれた一つの社会管理理論と思われる。つまり女性は貞節観などの儒家倫理規範に「束縛」されたと同時に儒家文化の「受益者」[30]でもあったのである。もしくは、その時代と社会において女性は自身・子供・家族・宗族の「受益」の為に儒家文化の女性倫理を遵守したのだと言えるであろう。貞節女性自身の立場から考えると、貞節牌坊はただ「旌表」された貞節烈女の「血」と「涙」[31]を現すモニュメントなのではなく、功名牌坊と同じように、貞節牌坊に表彰されている女性の名誉・尊厳・成功も表していると思われる。

貞節女性が貞節の行為によって栄光の貞節牌坊を得るようになると、貞節牌坊の宣伝効果により貞節行為の伝播と影響も拡大した。貞節牌坊と貞節行為の原因は互いに因果関係があると考えられる。

貞節観とそれらの儒家女性倫理によって婦人の人間性が如何に抑圧されるか。本稿でそれに触れる余裕はなかった。これは今後の課題としたい。

注

1　(清)王軒など編集『山西通志』、中華書局、一九〇〇年一一月。

2　董家遵の「歴代婦女節烈的統計」、祭凌虹の『従婦女守節看貞節観在中国的発展』、費糸言『由典範到規範』などがある。
3　費糸言、一五頁。
4　費糸言、三九頁。
5　蔡凌虹『史学月刊』、一九九二　第四期、27頁。
6　瞿同祖著、小竹武夫訳、四頁。
7　瞿同祖　前掲　注6、七頁～三四頁。
8　瞿同祖　前掲　注6、一九二頁～一九六頁。
9　董家遵『中国古代婚姻史研究』、二六七頁～二七〇頁。
10　前掲　注9、二七三頁。
11　寺田隆信、一九七二年一一月、二三二頁。
12　Dorothy Ko 著、李志生訳、二〇〇五年、四〇頁。
13　前掲　注12、四〇頁。
14　魏則能『貞節碑坊』、参考。
15　趙文林、謝淑君、四七八頁。
16　前掲　注9、二五二頁～二七六頁。
17　前掲　注9、二七二頁。
18　清康熙二十七年、雍正六年の条、参照。
19　魏則能『中国の貞節牌坊と貞節観念』、名古屋大学国際言語文化研究科修士論文二〇〇六年。
20　自分の大腿部の肉を切って食材として漢方スープを作って病気の親に食べさせること。地元の親孝行の典型として知られる。

21 Havalock Ellis著、潘光旦訳、二〇〇〇年、一一五頁。
22 二〇一一年七月一六日　歙県にて鮑樹林氏へのインタビューによる。
23 同19。
24 同22。
25 費糸言、一五頁。
26 前掲　注9、二四八頁。
27 前掲　注12、五頁～七頁、前掲　注4、一三頁。
28 同19。
29 ジュディス・バトラー、一九九九年、三〇頁～三一頁。
30 前掲　注12、一九頁。
31 劉達臨、二〇〇三年、二八六頁。

第四章　貞節と節婦烈女

はじめに

前章で貞節の理論と実践の形成過程、貞節観の伝播ルートと貞節行為原因などの分析を試みた。いうまでもなく、貞節の行為主体は貞節女性である。それゆえ次に、貞節牌坊の時代における貞節女性たちについて考察したい。

本章では、貞節女性及び貞節に注目し、貞節と貞節烈女の定義と種類、歴代貞節女性の総計の考察を通じて、中国歴史上における「貞節女性」の規模と変化の状態を窺う。

第一節　貞節と節婦烈女の定義

「貞節」と「節婦烈女」とはそもそもどういう意味を持っているのであろうか。ここでは「貞節」「貞節烈女」及び「烈節」の概念について考察してみたい。

1.1.「貞節」とは何か

「貞節」は封建社会における特有の行為パターンである、語源から言えは、「貞」はもともと男女間の忠誠ではなく、高尚な徳を指していた。「貞」は一つの行為として、その行為の主体は女性のみならず男性をも含んでおり、さらにその行為対象は夫だけではなく、父母、友人などを含むこともあった。[1]

殷朝末期周朝初期の名著『易経』[2]に「貞」という字は多く現れる。[3]『易・師』に「象曰[4]：師，衆也，貞，正也，能以衆正，可以王矣」（彖辞《たんじ》――師は大衆、貞は正義、正義で民衆を信服させれば天下の平定が出来る）

『易・乾』に「貞者，事之於也…貞固足以干事」（自分の信念を固守すれば仕事ができる）、東漢末期劉熙の『釈名・釈言語』[5]に「貞，定也，精定不動惑也。」（貞は確固・安定、立場などが動揺しないことである）『易経』中の「貞」の意味に対して、陳東原は以下の三つの代表的な解釈があると指摘する。[6]

① 「家人利女貞」「能正乎内」：家庭内で女性が「正」なら家族も「正」になる、性行為とは関係がない。

② 「恒其徳貞，婦人吉」：夫婦関係を長く維持することは「貞」であると言える。

③ 「女子雑交便是不貞」：女性は淫乱をすれば「不貞」である。

しかし、時代の変遷によって「貞」の意味は次第に女性の夫に対する純潔を指すようになった。貞節の定義についての論述は多いが、たとえばここでは張軼欧の説明を、「貞」「節」と「貞節」の語彙及びその変化を示すものとして引用しておきたい。[7]

「貞」という文字が歴史的に確認されたのは甲骨文が最初である。初期の「貞」の意味を『説文解字』では次のように説明している。「貞」、卜問（貞、占いである）、すなわち、「貞」のもともとの意味は占いという意味である。さらに秦以前の文献では以下の意味も示されている。[8]

一、『易』卦の下の三爻（爻は、易の卦を構成する基本記号――筆者注）
二、女性が婚約していないこと。
三、正しいさま
四、意思がしっかりしており、動揺していないこと。

ここに見られるように、これらの意味のほとんどは男女の性別を意識したものではない。

次に「節」についても見てみる。『説文解字』では「節、竹約　也（節、竹のふしである）」と説明されている。そこから節操、気骨という意味に派生した。「貞」と「節」は、最初の意味は、「義」「信」「孝」「仁」と同様、性差によらず通用し、倫理道徳の一用語として用いられ、婚姻とはほとんど関係がなかった。それゆえ「貞」と「節」が合わさった「貞節」という言葉はもともと、節操を固く守って屈服しないという意味であった。しかし、私有制、父権制が確立するとともに、社会は女性に「貞」を求めるようになった。父権の本質は男性の血統で一族の成員を決めることにあるので、一族の純潔性を保つためにも女性の貞操が重要となる。時代の流れとともに、女性に対する貞操の要求が一段と厳しくなり、「貞」の解釈もまた結婚前の段階にまで拡大され、婚前の女性が純潔を守ることが当然とされた。「節は結婚後の女性に求められる〟従一而終〃という規範と結びつき、夫の死後、再婚しないこと」[9]という解釈がなされるようになった。磐石な父権制が確立されていく中で、貞を求められる対象が女性に限定されていき、「貞節」の意味も、女性は再婚せず、貞操を失わないことを指すようになった。「貞節」の本来の意味（節操を固く守る）は廃れ、「貞節」を一言で言い換えれば〝従一而終〟である。

このように張の「貞節」に対する解釈は、語源的なアプローチとして参考になるものの、一般的な語源をあまりにも偏重しているために、「貞節」の背後にある貞節の社会的意味、即ち、一つの社会現象としての「貞節」という側面を見落とすことになっている。

貞節行為を行う主体は通常「節婦烈女」と言われている。では、「節婦烈女」とは、一体、どのような意味であろうか。

1.2.「節婦烈女」とは何か

「貞節烈女」の解釈について、董家遵[10]は『歴代婦女節烈的統計』[11]において次のように述べている。

節婦只是犠牲幸福或毀壊身体以維持她的貞操，而烈女則是犠牲生命或遭殺戮以保她的貞節；前

者是〞守志〟，後者是〞殉身〟。她們都受封建道徳的約束而犠牲，方法雖不同，原因却無差異。（節婦は幸福を犠牲にする、または自分の身体を毀損する手段で貞操を守る女性である、烈女は貞操を守るために生命を犠牲にする、または殺された女性である。前者は守志、後者は殉身という。彼女たちは封建社会の道徳倫理に束縛された犠牲者である、手段は異なると雖も行為の原因は同じである。）

節婦と烈女の最大の区別は女性が貞操のために命を失うか失わないかである[11]。通常「守志」の方は「節婦」と言い、「殉身」の方は「烈女」というが、「節婦烈女」の節婦は未婚女性も含み、烈女は既婚、婚約者及び女児も含んでいる。あるいは「貞女烈婦」、または「貞節烈女」「貞女節婦」などの言い方もある。

台湾の安碧蓮、費糸言は貞節が「特定の行為パターン」であり、「婦女の道徳実践」であると指摘し、「貞節」を「守節」と「殉節」との二つの種類に分けているが[12]、徽州などでは「孝節」という種類の貞節女性も多く存在していた。これらの見解をまとめて、「節」と「節婦烈女」の分類表を作成すると次の（表1）と（表2）のようになる。

「殉節」には、夫が生きている場合と亡くなった場合との二つの状況がある。『弘治・徽州府志[13]』などの地方史誌や『列女伝[14]』の記載から殉節の主要な原因を知ることが出来る。

「守節」は節婦の信念または道徳を長時期にわたって固守する行為である（その過程における節婦の守節実態と守節原因などは後述する。）「殉節」は烈女が命でその時代の社会道徳倫理規範を守る

（表１）節と節婦烈女の分類

節の分類	貞節烈分類	結婚しているか（否か）	主要な行為の特徴
守　節	貞女	未婚（婚約者含む）	様々な手段で貞操を守って生きている未婚女性
	節婦	既婚	夫が無くなるが終生再婚しない
殉　節	烈女	未婚（婚約者含む）	貞操を守る為に自殺または他殺で亡くなる
	烈婦	既婚	
孝　節	孝女	未婚	親孝行の娘
	孝婦	既婚	親孝行の婦人

（表２）殉節の分類と原因

	夫の状況	主要な原因
殉節	生　存	悪人の性的暴行に抵抗した為に殺された、またはその性的暴行侵害の予測がある場合に自殺。婚約者は両親などからの解約要求に抵抗するために自殺。「同生同死」などの観念で重病の夫の死亡直前に自殺。
	死　亡	性暴行に遭遇した為に殺される、または自殺。夫の宗族又は両親からの再婚の要求に抵抗する為に自殺。夫が亡くなった後、「相従地下」の為に自殺。

（董家遵『中国古代婚姻史研究』などを参考に筆者作成）

（表3）宋代烈女の自殺方法と人数

方法	水死	縊死	絶食	崖から飛び降りる	悲嘆	金属呑む	合計
人数	40	18	4	4	4	1	71

（表4）宋代烈女の他殺方法と人数

方法	殺す	ばらばらにする	体の損傷	殴られる	未知	合計
人数	37	3	1	1	1	43

（表5）元代烈女の自殺方法と人数

方法	水死	縊死	利器で自殺	崖に飛び込む	絶食	火に飛び込む	悲しみ	未知	他	合計
人数	103	90	18	15	14	10	9	43	9	311

（表6）元代烈女の他殺方法と人数

方法	利器で殺す	斬る	ずたずたに斬る	未知	その他	合計
人数	48	6	2	17	3	76

（上記の表3～表6は董家遵『歴代婦女節烈的統計』により筆者作成）

（遵守である）。烈女烈婦の自殺と他殺の方法についての記載もあり、ここで烈女の行為特徴を解明する為に董家遵の烈女自殺の方法の統計表（表3、4、5、6）を参考にする。董家遵は宋元の烈女烈婦の自殺と他殺の方法、そして人数を調査し一二六頁の表を作成したが、これによれば「水死」と「縊死」が自殺方法として多いことが分かるだろう。[15]

資料の不足などの原因で正確な数字を求めることは難しいものの、「烈女烈婦」に対する考察の参考になるはずである。

それでは「貞節」「烈節」、そして「節婦烈女」とは何か。前述の見解と論述を綜合すれば分かるように、『易経』中の「貞」に関する各種の解釈と引用文は、「貞節」の意味と語彙の変化から「貞節」を説明している一方で、女性の貞節行為から見ると「貞節」は「守節」「殉節」の二つ分類があり、女性は「守節」「殉節」を通じて「従一而終」の信条を実現する。その貞節行為の結果は行為主体が普通の女性から「節婦烈女」になることである。

歴史的に見て、節婦は烈女より多いため、本稿では節婦を中心に論じることにしたい。

第二節　歴代節婦烈女の人数統計

第一節で「貞節」と「節婦烈女」の語彙の変化及び定義を明らかにしたが、中国の社会現象のひとつとして、貞節の思想理論体系、節婦烈女の貞節行為の原因が「私有制」や「父権社会」、あるいは男尊女卑に由来する、などとしばしば考えられている。しかしながら、具体的にそれらの要素からどのようにして節婦烈女が生まれるのか、どれくらいの節婦烈女を生み出したのかなどは依然として曖昧にされたままである。

本節では中国歴史上で「貞節女性」の人数の統計を試み、そしてその結果から貞節観の変遷を窺うことにしたい。

2.1.　節婦烈女の数量統計

いわゆるフェミニストはしばしば節婦烈女を封建礼教の無数の犠牲者の典型であるとして、儒家学説及び貞節観を批判するが、歴代の節婦烈女の人数がいったいどれくらいの比重を占めていたかについては依然として曖昧である。節婦烈女の数の統計はないが、ここでは地方誌と「烈女伝」などの歴史的文献を参照し、記載されている節婦烈女の数を推計することが可能である。

まず、中国学者董家遵の統計数字を検討する。董は貞節烈女の記載と収集が最も完全なものとして『古今図書集成』を選び、その中に記載された節婦烈女をもとに統計を作成している。その歴史的文献は清康熙（一六六一～一七二二）末期に清の「戸部尚書」蔣廷錫が康熙帝の命令によって編纂し、雍正（一七二二～一七三五）三年（一七二五）に完成したものである。その書籍の『閨媛曲』の第四十五巻から第一百一十四巻までの内容、さらに『閨列伝』、第一百一十九巻から二百九十巻までの内容が『閨節列伝』で、併せて三〇〇巻の数十冊となる。董氏は年代によって書籍中の貞節女性の数を統計にし、次の歴代節婦数字表を作成した。[16]

（表７）歴代節婦数目比較表

時代	周	秦	漢	魏晋 南北朝	隋唐	五代	宋	元	明	清
数目	6	1	22	29	32	2	152	359	27141	9482
総数率	0.02	<0.01	0.06	0.08	0.09	0.01	0.41	0.96	72.91	25.47

董家遵「歴代婦女節烈的統計」

（表８）歴代烈女数目比較表

時代	周	漢	六朝	隋唐	遼	宋	金	元	明	清
数目	7	19	35	29	5	122	28	383	8688	2841
総数率	0.06	0.16	0.29	0.24	0.04	1.00	0.23	3.15	71.47	23.37

董家遵「歴代婦女節烈的統計」

（表９）歴代節婦数比較表

時代	周	秦	漢	魏晋 南北朝	隋唐	五代	宋	元	明	清初
	前1046 ～ 前256	前221 ～ 前206	前206 ～ 220	220 ～ 581	581 ～ 907	907 ～ 979	960 ～ 1279	1279 ～ 1368	1368 ～ 1644	1644 ～ 1725
年数	791	15	426	361	326	72	319	89	276	81
数目	6	1	22	29	32	2	152	359	27141	9482
総数率	0.02	<0.01	0.06	0.08	0.09	0.01	0.41	0.96	72.91	25.47

（表10）歴代烈女数比較表

時代	周	漢	六朝	隋唐	遼	宋	金	元	明	清
	前1046〜前256	前206〜220	220〜581	581〜907	947〜1125	960〜1279	1115〜1234	1279〜1368	1368〜1644	1644〜1725
年数	791	426	361	326	178	319	119	89	276	81
数目	7	19	35	29	5	122	28	383	8688	2841
総数率	0.06	0.16	0.29	0.24	0.04	1.00	0.23	3.15	71.47	23.37

（表9と表10は董家遵の表7、表8の内容より筆者作成）

（表11）『広列女伝』に記載されている節婦と烈女

時　代	上古〜唐末	宋以後
『節婦伝』記載人数	63	111
『烈女伝』記載人数	63	580

（表12）歴代節婦烈女の統計

朝代	漢	魏晋南北朝	隋唐	両宋	元	明	清順治康熙年
年　数	426	324	326	319	97	276	79
人　数	22	29	32	152	452	27141	9248
年平均人数	0.05	0.09	0.1	0.48	4.66	98.34	120.0

蔡凌虹「従婦女守節看貞節観　中国的発展」『史学月刊』1992年4期

表7、表8は一九三七年にはじめて「現代史学」に発表された。歴史年代を分かりやすくするために表7と表8に王朝の年代を追加すると表9と表10になる。さらに董氏は、『古今図書集成』に記載されている貞節烈女人数を調べる前に、中国貞節烈女を記載する『広列女』と言う専門書の『節婦伝』と『烈女伝』中の貞節烈女の調査も行っている。その内容は表11である。

董氏は以上の統計から下記の結論を導いている。

（表7）で、宋以前の節婦人数はわずか〇・二六％のみであり、宋以後の節婦人数は九九・七四％（筆者注：数字0.41＋0.96＋72.91＋25.47＝99.75％）を占める。周から五代まで約二〇〇〇年間のあいだの節婦が九二名であったのに対し、宋の時代はただ約三〇〇年の歴史のなかで一五二人もの節婦がいる。つまり宋の三〇〇年の節婦数がそれまでの二〇〇〇年間の節婦総数の一・六倍になるのである。（烈女の数字も以前の約一・二倍である。）

したがって、董氏は「可知宋代貞操観念突飛猛進」（宋代に貞操観念が飛躍的に強くなることが分かる）[17]と結論した。表7において清代の節婦人数は明代より少ないが、貞節女性を記録した資料は清代の初期の八一年間である。

しかし、その観点に反対する者もいる。費糸言は明代が節婦の急騰期であると認める。[18]あるいは祭凌虹は、『従婦女守節看貞節観在中国的発展』[19]において『古今図書集成・閨媛典・閨節部』から三七頁の表12を発表し、そこから元代が貞節観の「上昇期」であったと主張する。

蔡氏は宋の年平均節婦の数が〇・四八人、元、明、清の年平均節婦の数がそれぞれ四・六人、九八・三人、一二〇人、つまりは両宋の九・七倍、二〇五倍、二五〇倍であることを指摘し、貞節観の急騰期が元から始まると書いている。

このように貞節女性の統計から推論する厳格な貞節観の開始年代が、論者によって異なっている。細かな記録不全などの原因のため、統計には実際の貞節烈女の人数との誤差もあるが、『古今図書集成』は一七二五年に清朝皇帝の命令によって王朝政府の専門機関に編纂された著作であるため、史実と最も近い歴史的文献と認められ、それゆえその文献からの統計が実際の状況にもっとも近いと考えられる。その数字と変化の考察を通じて、歴史上の貞節女性の総体規模をある程度正確に把握することが出来るだろう。

董家遵の歴代節婦数比較表（表7）及びほかの先行研究を参照しながら、明清時代の節婦人数と全国女性総人口数の比例対照表を作成した（表13）。この表から宋、元、明、清四つの王朝の当時の人口総数と節婦の比例概数を明確にすることができる、つまり、宋代の三一九年間に全国総人口と記録された節婦の比例は約一三一〇〇〇：一である、元の八九年間の場合、その比例は約九九五〇〇：一であり、明代の二七六年間における総人口と節婦の比例は約一五〇〇〇：一で、清の早期（一七二五年まで）の八一年間の比例は約五六〇〇：一である。

（表 13） 歴代節婦数と当時の全国人口対照表

王朝	周	秦	漢	魏晋 南北朝	隋唐	五代	宋	元	明	清初
王朝年代	前1046 ～ 前256	前221 ～ 前206	前206 ～ 220	220 ～ 581	581 ～ 907	907 ～ 979	960 ～ 1279	1279 ～ 1368	1368 ～ 1644	1644 ～ 1725
年　数	791	15	426	361	326	72	319	89	276	81
節婦人数（董）	6	1	22	29	32	2	152	359	27141	9482
総数率（董）	0.02	<0.01	0.06	0.08	0.09	0.01	0.41	0.96	72.91	25.47
年平均人数（蔡）			0.05	0.09	0.1		0.48	4.66	98.34	120
全国人口数（千人）（女性数約半分）					～ 39000		始24793～ 終55276 平均数40035 半分は女性 20017千人	始55276 終87587 平均数71432 半分は女性 35716千人	始63827 終99873 平均数81850 半分は女性 40925千人	始88486 終25787 平均数07136 半分女性 53568千人
全国女性総数と節婦の比例 千人：人（魏）							20017（千人） ÷152≒131 千人：1	35716（千人） ÷359≒99.5 千人：1	40925（千人） ÷27141≒1.5 千人：1	53568（千人） ÷9482≒5.6 千人：1

董家遵の統計

2.2. 統計数字における問題の検討

董家遵は貞節女性に統計学的にアプローチした先駆者であるといえ、その数字は多くの研究者に参照されている。董家遵の数字は『古今図書集成』から整理されたものである。実際の調査が不可能であり、さらには資料と情報の制限などから、節婦の数字は精確ではないものの、貞節女性人数の調査に対して優れた研究方法を示した董氏の研究は非常に意義深いものである。

その貞節女性の数字から貞節観が強くなる時期に関して、それが宋朝、または元朝か明朝であるという様々な見解が出されたが、宋以前には節婦烈女が少なかった、それゆえ貞節観も薄かったというのは研究者のあいだで共通の見解であると言える。

貞節観がいつの時代に急に強くなるか、その問題は中国の地域によって異なると思われる、それゆえその地域の人口構成、民族伝統、教育と経済及び階層などの要素を考える必要があるのではないだろうか。

例えば、貞節牌坊と節婦烈女の大部分が、人口密度が高く、経済的に恵まれた地域に集中する一方、中国の少数民族が集中する西北、東北、西南、華南などの交通が不便で、経済レベルの低い地域には貞節観の影響がほとんど見られない。中国のチベットなどの少数民族集中地域には現在でも一妻多夫の伝統的な家庭もあり、それらの地域には節婦烈女が少ないことが予想される。（具体的には第三章「貞節観の伝播と貞節行為の原因分析」を参考）

上表の全国人口総数と節婦人数の比例から節婦烈女の人数規模をほぼ明確にすることができる。節婦烈女は中国の歴史上にはやはり少数であったと思われる。明代の節婦は一番多いが、それでも三〇〇〇：一である、また貞節観の社会的影響が強かった時代は明清のみであろう。

「節婦烈女」は中国封建時代の全体女性像ではない。貞節女性以外の大部分の女性は当時の主導的な社会思想により、家庭で夫と一緒に子供を育て、苦楽を共にしながら生活を営んでいた。貞節烈女が社会倫理規範を遵守するモデルとして、歴代の王朝に大々的に提唱された一つの原因は、節婦烈女の人数が少なかったからであろうか。

第三節　貞節女性の権力

前節で貞節と節婦烈女の定義、分類及び統計を考察した。

本節で貞節女性の「権力」の検討を試みて、貞節女性に関する認識を一層明確にしたい。

封建王朝の中国の女性が「四つの縄」などの権力に束縛されたと認められたので当然に権力がない、とくに貞節女性たちは被害者と「被圧迫者」なので権力がないことは理の当然であると思う人が多い。例えば、李小江などの「女権主義者」である。

しかし、徽州などの地域に貞節女性たちは男性社会と儒家学説に許可される空間に自由に自分の権力を使って能力を発揮し、家庭を経営し、子供の出世と家族の栄光のために貢献すると同時に社会から尊厳と名誉を貰った事実がある。

貞節女性の「権力」は「武則天[21]」「慈喜[22]（西太后）」「江青[23]」などの主流社会に認められた「政治的

権力」ではなく、「孟母三遷[24]」「刺字の岳母[25]」及び胡適の母親[26]などのように子供を扶養と教育し、家庭を維持するための権力である。すなわち、社会に公的に承認されないが実際に声もなく存在していた権力である。

伝統的女性の自由空間は家庭内の他に、階層、地域、家庭の状況、女性自身の教育程度などの社会的要因によって、女性の自由と権力の空間の大小も違い、柔軟に存在している。その女性の空間は伝統的な男性の統治空間と交差し或いは一部相重なり、共同で家族と社会を支えていた。

儒家に提唱された男女の社会分業の方法、つまり「男主外」(男は外を主にする)、「女主内」(女は内を主にする)はその「内」と「外」の境界がどこにあるのか、その「内」「外」の線は家の玄関ではないと思う。家庭内でも女性の自由の天地の「閨房」と家族全員の出入り場所の「堂屋」との内外空間もあり[27]、また、村内村外、族内族外、府内府外、宮内宮外、国内国外などなど。社会親族関係も「内親」「外親」「内甥」「外姪」「族人」「外人」などなど。それらの内外空間に「主内」の女性たちは自分の権力空間と自由空間をもち、権力で社会に認められた空間を管理して、「主外」の主人と一緒に共同で内外を経営して維持していた、その「内」「外」の男女双方は相互影響、相互作用で家庭の安定、子孫の生息、宗族の繁栄、中国数千年綿綿の歴史を経ている。

その「女主内」は女性の権力範囲、女性の能力を明確し、承認すると思われる。また、その「内」の範囲の柔軟性も女性の権力範囲の伸縮性を提供する。これらは儒家が男女の性別と各自の異なる属性によって提唱する社会的分業の一つの方法であり、人類男女自身に対しての認識から生じた社会の管理の方法であると言えると考えられる。家庭の内と外の社会は分割が不可能で女性は娘、夫人、母、祖母…の身分で家族と暮らしていて、毎日夫、子供、孫に影響を及ぼしているのを通じて「内」「外」の世界と繋がっている。

徽州地域の貞節女性たちの事跡はこの方面の証明である。彼女たちは夫がいない長い年月両親を扶養し子供を教育し、家庭内の「主人」として、堂堂と家庭を経営して家族を維持した。もし、それらの貞節女性にある程度の権力、例えば日常の生活収支、子供の教育、老人の扶養などの家事の采配などの自主権がなければ、夫が居ない長い期間に家族の生活は続けられたはずがない。もちろん貞節女性の権力は封建統治階層に崇拝された「上」から「下」への垂直の政治権力ではない。

徽州の貞節女性は貧乏な田舎に夫が長期的にいない間、日常の生活の中で、ある程度の権力を駆使し、家庭で直接的な生産的役割を持っていた。

貞節女性の権力は論者たちに見落とされたが実際に存在していた。貞節女性たちは自分の「主内」の空間に自分の権力があり、彼女たちは自分の生活目標、人生の理想と意義、人格の尊厳があった。徽州の節婦たちは自分の忍耐と気力で夫の事業を支えて、子供を扶養して夫の宗族と地域社会に貢献することで、社会から尊敬された。徽州地域で立っている貞節牌坊に表彰された女性たちは自分の人生の理想と栄光を実現した。

貞節女性たちの積極的な人生と生活態度は儒家思想に導かれた結果であろうか。現在の社会現実にその「内」「外」範囲の男女役割の差が依然的に存在している。

高顔頤は儒家学説の理論と社会現実の関係に対して次のように述べた。

只有我們停止視“儒家学説”為抽象的信条或静態的控制機制時，儒家伝統中婦女複雑、矛盾的生態才能够得到阐释。“儒家伝統”不是鉄板一块的価値、実践体系。無疑，作為一種哲学和生活方式，被制定于経典中的儒家意識形態信条，在漫长的歴史中享有相当程度的連続性，但同時它也有相当大的弾性。這一弾性是個別学者不断阐释経典的結果，透過這種适應和協商，他们将経典传统和变化的社会現実重新組合。在這層意义上，儒家伝統与内／外界限一样，在某种程度上是向通融开放的。[28]（我々は儒家学説を抽象的な信条と静態の支配機制と見なすことを止めさえすれば、儒家の伝統婦女の複雑で矛盾した生存状態を解釈することができる。儒家の伝統は鉄板のように硬直した価値・実践体系ではない。まちがいなく、一つの哲学と生活方式として、儒家学説の意識形態と信条は長い歴史的な持続性を持っているが、同時に相当「弾力性」を持っている。この弾力性はある儒学者の解釈の結果である、これらの適応と調和を通じて、儒学者は伝統学説と変化している社会現実を相互に改めて組み合わせている。このレベル意味では、儒家伝統は「内」と「外」の境界線と同じように、ある程度融通がきく。）

貞節女性は儒家学説の倫理規範に従いながら、生活の実況より、自分の行為を調節し、その過程に部分的な権力を運用して、家族の生活を維持した。貞節女性の行為も各の地域の住民と儒者たちに肯定された、儒家の倫理規範はそのように社会生活の現実と融通していた。

徽州地域の貞節女性の権力の運用と生活状態から儒家学説の動態と柔軟性とを見出すことができる。それは高彦頤の論述のように、「儒家伝統在本質上是動態和多様的」（儒家伝統は本質的には動態と多様なものだと言える)[29]。

おわりに

本章では貞節と節婦烈女の概念・分類・人数、及び貞節女性の権力を考察した。貞節と貞節烈女は中国の封建時代と並存して長く存在していた。宋以後、貞節観念は社会的影響が次第に強くなり、貞節女性の人数も段々多くなっていたが、貞節女性の統計数字から社会の女性の模範としてはいまだ婦女中の少数派であったと言えよう。

貞節行為は封建社会時代の女性に対する一つの理想の追求で、女性による道徳実践行為であり、その時代の倫理道徳の模範として認知されていた。貞節と節婦烈女という社会現象について一概に善悪を判断することは難しいが、歴史的にそのような社会現象がどのように発生したのかを究明する必要がある。

注

1 戴偉、一九九二年、三九頁。

2 易経集註20巻、(宋) 程頤、(宋) 朱熹 [本義]、三條通菱屋町 [京]:林甚右衛門、慶安四 [一六五一]、(名古屋大学　中央図書館) を参考にした。

易経（えききょう）は占筮に用いられる書物。『周易』（しゅうえき）または単に『易』（えき）とも言うが、易経とは儒教の基本テキスト五経の筆頭に挙げられる経典である。通常は『周易』に儒教的な解釈による附文（十翼）を付け加えたものを易経といい、『周易』と区別している。太古よりの占いの知恵を体系化し組織化し、深遠な宇宙観にまで昇華させている。三易のひとつ。今日なお行われる易占法の原典であるが、『易経』成立当時の占いは現代の軽さとは大いに趣きを異にして、古代にあっては、共同体の存亡に関わるきわめて重要かつ真剣な課題の解決法であり、占師は政治の舞台で命がけの責任も背負わされることもあった。儒　家の経典「五経」は「詩経」・「易経」・「書経」・「礼経」（易礼／周礼）・経」「春秋である。「論語」・「孝行」を加えて「七経」になる。儒家の経典「四伝」は「礼記」「春秋左氏伝」「春秋公羊伝」「春秋穀梁伝」である。

3　朱興国「卜辞“貞”字及相関問題新論」経典文献中的貞字用例，《尚書》有五例（今文、古文合計）；《周易》有一一一例；《礼记》有三例（不含引用《尚书》和《周易》的二例）；《周礼》有五例；《春秋》有七例；《左伝》有一六例。計一四七例。
http://www.xianqin.org/xr_html/articles/lgxd/465.html

4　卦名の次に記された辞を、「卦辞（かじ）」または「彖辞（たんじ）」という。彖は決断、断定、断の意味である。卦辞は六十四卦の一卦毎にあり、その卦義を表現した言葉である。次に彖曰（たんにいわく）とあるのが彖の説明である。
詳しくは www.maria-fortune.com/ekitop.htm

5　『釈名』東漢末期、劉熙著、物の名前の由来を考察する専門著作である。

6　陳東原、一九七七年、二九頁、三〇頁。

7　張軼欧（二〇〇五）。

8　章義和、陳春雷、一九九九年。
9　曹大為、一四〇頁。
10　董家遵（一九一〇・一・一八～一九七一・一・七）福建省に生まれ、中山大学教授、中国著名社会学者、歴史学者、『中国古代婚姻史研究』などの著作。
11　前掲　注10、一九九五年、二四七頁。
12　費糸言、二頁～五頁。
13　澎澤、汪舜民編集、一五〇二年。
14　歴代の『列女伝』は多いが主なものとして前漢劉向と明代徽州人汪道昆に編集された『列女伝』がある。
15　前掲　注10、二五〇頁。
16　同前15。
17　前掲　注10、二四七頁。
18　前掲　注12、三九頁。
19　『史学月刊』、一九九二年、第四期、二七頁。
20　趙文林、謝淑君、一九八八年、四七八頁。
21　武則天（ぶそくてん六二三～七〇五）は、唐の高宗の皇后。中国史上唯一の女帝となり武周を立てた。在位六九〇～七〇五。
22　慈禧太后（じきたいこう）、または西太后とも言う、道光一五年一〇月一〇日（一八三五年一一月二九日）生、光緒三四年一〇月二二日（一九〇八年一一月一五日）没）は清咸豊帝妃で、同治帝の母。清末期の権力者。満州・旗人（鑲藍旗人）の葉赫那拉氏の出身。

23　江青（一九一四年三月−一九九一年五月一四日）は、中華人民共和国指導者の毛沢東の四番目の夫人で政治指導者、女優。山東省出身。文化大革命を主導し「紅色女皇」と呼ばれた。
24　孟子の母は、子供の教育に適した環境を選んで居所を三度引っ越したという故事。
25　岳母は、宋の時代の英雄・岳飛（一一〇三〜四一）の母。国恩に報いる出征と親孝行を天秤にかけ悩む岳飛の背中に針で「精忠報国」を刻み、岳飛に国を守るように励ましたそうである。
26　胡適の母は寡婦であったが、胡適の教育を重視したという事跡が胡適の出身地安徽徽州地域に伝えられている。
27　『安徽古建築』などの本、参照。
28　高顔頤著『閨塾師―明末清初江南的才女文』、李志生訳、二〇〇五年一月、一八頁。
29　高顔頤著『閨塾師―明末清初江南的才女文』、李志生訳、二〇頁。

第Ⅲ部　牌坊・貞節牌坊と貞節に関する論争

第五章　徽州の牌坊

はじめに

本論の主題は貞節牌坊と貞節観であるが、上述の通り貞節牌坊は多く種類を有する牌坊の一つであるため、貞節牌坊についての具体的な調査について述べる前に、まず牌坊一般について考察しておく。

牌坊の歴史とその価値に関する最初の研究は一九三〇年代の劉敦楨（一八九七年～一九六八年）の『牌楼算例』[1]である。この著作における牌坊構造の寸法と施工方法などについての研究は、以後の研究に基礎を作ったということができる。また、同時代の建築大家梁思成（一九〇一年～一九七二年）も中国建築史研究の開山の作『中国建築史』において牌坊の起源に関して言及している。[2]

一九四九年中華人民共和国建国後は、中国では文化大革命などの政治運動が起こったため、牌坊の調査研究成果は見つからない。改革開放以後になってようやく、建築家馬炳堅[3]、馮建逵[4]が牌坊の建築技術に関する専著を公刊した。

しかし、以上の研究は建築の分野から牌坊を研究したものであり、牌坊の社会学的、歴史的研究とは言い難い。そのほかにも九〇年代に、宋子龍、晋元靠の『徽州牌坊芸術』[5]（一九九三）、万幼楠の『牌坊・橋』[6]（一九九六）、韓昌凱の『北京的牌楼』[7]（二〇〇一）などの牌坊関係書が公刊されたが、これもやはり写真を主な対象としていた。目下のところ牌坊に関する最新の研究は金其楨の『牌坊・中国――中華牌坊文化』[8]（二〇一〇年）である。金其楨は、中国のみならず世界各地から五〇〇基の牌坊写真を収集したが、これもまた依然として牌坊を写真として記録することを目的としており、牌坊の背景にある歴史文化についての論述は少ない。それゆえこれらに関する研究は、まだ十分行われたとは言い難いのが現状である。

本章では徽州地域の牌坊を主として取り上げ、牌坊の歴史・種類・機能、特に徽州地域に現存する牌坊の数字などを明らかにしたい。

第一節　牌坊とは何か

牌坊（はいぼう、パイファン）は、中国の伝統的建築様式の門の一つである。牌楼（はいろう、ぱいろう）または略して坊と呼ばれることもある。

一般的に牌坊と牌楼は同じ意味で使われるが、屋根や斗拱（ときょう：斗組・軒などを支える木の組み物のこと）のないものが牌坊と呼ばれ、あるものが牌楼と呼ばれる。

序論で述べたように、『中国大百科全書』[9]は「牌坊」についての説明が不十分である。

中国全土における約三〇〇〇基の各種類の牌坊は広範な地区に分布しているが、東部の安徽省南部にある徽州、福建省同安、山東省の単県、西部の四川省の隆昌、南部の広東省の潮州市、北部の北京市などのかたまって見られる地域も多くである。特に安徽省の徽州地域の牌坊は数量と種類が多くあり、規模は大きい、歴史が悠久で、建築学者と社会学者に注目される物になっている。『安徽通志』によれば唐宋時代以来、徽州には牌坊が四〇〇あり、現存するものは一一三個である。徽州のほかに牌坊が多い地域としては、山東省の単県に牌坊が三四個あり、蘇州市に三〇個、現代化した大都市北京にも北海公園内に牌坊が七個遺されているが、いずれも徽州の牌坊の数とは比べものにならない。

1.1. 牌坊の歴史と変遷

牌坊の雛形が出現した最も早い時期はおおよそ春秋時代（前四〇〇年）である。[10] この種の牌坊の雛形は「衡門」（図1）といわれ、二本の柱を立てて横に一本の梁を架けたもので、英国のストーン・ヘンジと非常に似通っている。

漢代以降、中国の都市は壁と門で囲まれ、都市の中はさらに碁盤状に区分された。この区分された区域を「里坊」という。それぞれの里坊はさらに壁と門で囲まれていた。里坊の中で良いことが起きると、里坊の門の上に里坊を称える言葉を記した張り紙をしたという。この風習によって門は新しい形を持つことになった。人々は張り紙をできるだけ永く保存しようと、より頑丈な材料を使って門を造り、里坊を称える言葉は門に彫られるようになった。そしてこれが現在の牌坊の原型となったのである。

隋唐代になると「衡門」は変化して「烏頭門」（図２）となった。史料によれば「烏頭門」は構造が大きく、彫刻はかなり緻密であった。

宋代になると、里坊の制度は次第になくなり、区分されなくなった。里坊を取り囲んでいた壁は取り壊され、里坊の門は出入り口としての意味をなさなくなり、単に装飾としての建築物に変わっていく。

その後、「烏頭門」はさらに威厳を増し、装飾も贅沢なものとなり、「閥門」と呼ばれるようになる、これは功労のあるすぐれた家柄を表し、社会的地位と勢力の象徴であった。

魏晋南北朝時代から以後、中国社会は厳格な門閥士族等級制度を形成した。烏頭門はこの制度の産物である。唐代の法典『唐六典』によれば、十品の階級のうち六品の役人の屋敷（官邸）でのみ「烏頭門」を用いることが承認されていた。「烏頭門」の立柱は皆建物の一部で、門には窓があり、独立した建物ではなかった。

図1.　衡門

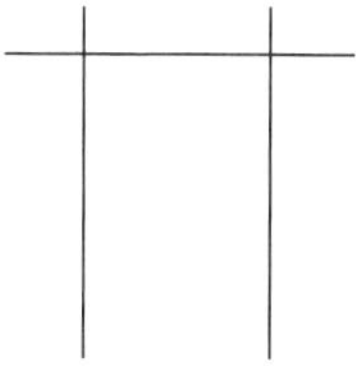

図2.　烏頭門

出所：『徽州古牌坊[11]』の解説をもとに筆者が作成

北宋の中期、区画整理のためにこれらの官邸は解体されたが、「烏頭門坊」だけは保存された。このように「門坊」であったものが建物から独立し「牌坊」となった。これ以降、牌坊は次第に変化し、独特の建築的特色と功能を備えた一種の建築物となっていく。

明清の時代に牌坊の建築は興隆を極め、数量は激増し、建築方式も複雑になった。最初は上述の通り簡潔な形であったものが、次第に三本柱、四本柱、五本柱、八本柱となっていく。形状も東屋や正方形などが現れた。材料も木材だけであったものが、レンガ、石、更に漢白玉（宮殿建築用の白い美石）などが使われるようになった。表面の装飾も多くなり、竜や鳳凰などの伝説上の動物などが彫刻されていた。

1.2. 牌坊の機能

当初牌坊の主要な機能は区域を区分することであったが、次第に多くの機能を備えるようになった。

（一）実用的功能

上述の通り、牌坊の最初の機能は空間を区分する門であった。隋唐時代になると市街は「坊」と呼ばれ、街の郊外は里（リイ）とよばれ、里と坊には「坊門」があった。この坊門は人の出入りする門であると同時に「里」「坊」を区分していた。北宋中期、「里坊制」は、もはや都市と近郊地区を分割する制度でなくなり、「坊」の門は「里」の壁から離脱して、独立した建物になる。ここで牌坊の功能ははじめて実用から象徴へと転じた。

（二）牌坊の象徴的功能

こうして北宋以後、都市制度の変化によって、牌坊は里と坊を標示する建築となった。例えば、徽州城の東門の外に位置する「高陽里坊」は、許氏の宗祠（同一宗族の先祖の霊位を祭るところ）の前に建ち、許氏の宗族の族人の集合地域を標示している。また徽州城内にある「古紫陽書院坊」は、かつてこの地において学問を講じた朱熹と、ここに紫陽書院があったことを表している。そのほかに、徽州の数多くの官庁、古書院、祠などの建物の前には、しばしば宏大で威厳のある牌坊があり、政府や宗族などの権力とその影響力を象徴している。

（三）賞揚の功能

最終的に牌坊の主な機能は功績を表彰、記念することにより、その時代社会の価値観を操作・標示することとなる。この「賞揚」にも、以下のように様々な種類が存在している。

(1) 文化的功労者と政府の役人たちの成績を賞賛するもの、「許国大学士坊」など。
(2)「士科坊」など。昔の学生たちの科挙達成を賞賛する。
(3)「貞孝節烈牌坊」：これには次の五種類がある。
① 「貞節牌坊」：貞節女性の品行を表彰する。
② 「孝節牌坊」：親に孝行をする人、目上の人に思いやりのある人、相互に敬愛し合う兄弟を表彰する。
③ 「忠臣牌坊」：愛国、滅私奉公の高官を表彰する。
④ 「義挙牌坊」：人と社会のために多くの善行を行う人を賞賛する。

⑤「長寿牌坊」：長寿の人に尊敬と敬愛の意を表す。

総数からすれば、貞節牌坊はこれら多種の「賞揚」牌坊の中でも、「貞孝節烈坊」の約六〇％を占めるに過ぎない。これも中国封建社会における女性の社会的地位と家庭内地位の反映であろう。しかし、逆に男尊女卑の社会において、女性の徳行と人生の意義を肯定するものとしては、非常に珍しい物証であるという見方も出来よう。ともあれ、このように牌坊の機能は初期の実用建築物から、精神文化の象徴に移っていったのである。

第二節　徽州の概況

本論文における牌坊に関する調査は、中国安徽省南部の歙（シャ）県、黟（イ）県、績渓県、祁門県、休寧県を中心に行なった。この地域は現在「徽州地区」と呼ばれているが、「徽州」という地名が指す、実際の地理的範囲は以前と現在では異なっている。ここで徽州の歴史と現在の範囲について述べておく。

徽州は、安徽省南部に位置する。明清時代、徽州府に属していたのは、現在安徽省黄山市に属する歙県、黟県、祁門県、休寧県、現在安徽省宣城市に属する績渓県、そして現在江西省に属する婺源県の六県である。行政区画として宋の一一二一年（宣和三）から現在の地名となり、すでに八九〇年の歴史がある。（付録二：「中国地図」、付録三：「安徽省地図」、付録四：「古徽州府所属一府六県地理範囲」、付録五：「一五〇二年の古徽州地図」参考）

徽州地域の人口と各県の面積

府轄県名	面積(平方キロメートル)(清)	徽州府人口数	
		清康熙(1690年)	1970年
歙　県	2806	1144000人	1408844人
休寧県	2339		
婺源県	3173		
祁門県	2257		
黟　県	847		
績渓県	1126		

(上表は以下の資料に基づき筆者作成：葉顕恩『明清徽州農村社会與佃仆制』、安徽人民出版社、1983年、p.25、人口数字の出所：高寿仙『徽州文化』、遼寧教育出版社、1998年、p.18。)

唐の七六九年（大暦三年）から現在まで、徽州の行政管轄面積はあまり変わらない。道光『徽州府志』一巻「與地志」の記載によると、清代に徽州は東西三九〇キロ、南北二二〇キロとある。徽学研究者葉顕恩の計算によると、徽州の面積は一二五四八平方キロメートルで各県の面積は上のように表示される。[12]

一九四九年五月、中国人民共和国政府は徽州専区を設置し、一九七一年には徽州地区と改め、一九八七年一一月には黄山観光業の開発のために、黄山市と地名を変更した。現在黄山市は三区（屯渓区、黄山区、徽州区）、四県（歙県、黟県、祁門、休寧）、黄山景勝区を管轄している。

徽州地区は山紫水明で、山や水の景勝地が多くあり、全国十大景勝区の一つである黄山のほか、道教四大名山の一つと言われる斉雲山の奇岩怪石と道観（道教の寺）、昔の姿を完璧に保存している石の彫刻と石碑が千あまりもある。それだけでなく、文化が栄え、俊才を多く輩出してきたことで広く知られる。特に明・清時代には徽州商人が台頭し、地域文化の発展を促進した。優秀な成績で科挙に及第する傑出した人材が多く、独特の風格と悠久の歴史を持つ新安書画、新安医学（唐時代は徽州に新安郡を設置したため、徽州は新安ともよばれている）、徽派篆刻、徽派版画、徽派建築、徽戯、徽州文房四宝などにより、徽州文化の独自性と伝統が形成された。

さらに、中国においては「徽州文書」（徽州地域に現存している古書、歴代の土地または部屋の売買契約書、地域関係の絵と書道作品など）収集整理によって、徽州の歴史と文化とを対象とする学問研究、すなわち「徽学」が形成され、一九八〇年代には重点研究のひとつとされるに至った。現在、「徽学」は「チベット学」や「敦煌学」とともに、中国の主要な地域文化（Regional Culture）の一つとして中国国内と海外の学者たちに注目されている。[13]

次に古徽州地域社会の特徴についてまとめておきたい。

1．儒学教育の重視

宋元以降、徽州は一貫して教育が発達していた地域である。[14] その歴史を遡って見れば、まず徽州は山岳地形で兵乱に襲われないため、東晋南朝の名門紳士はここに避難して居を移した。加えて隋末、唐末の世族地主が農民戦争を避けるため、宗族全員が徽州に居を移した。これらの人の移動が徽州の風俗に与えた影響は大きい。世族地主は政治的地位と「家学淵源」（知識人の家柄）によって、科挙に受かり、多くの者が官界各級の官員になり、名臣を輩出した。[15]

宏村の南湖書院（筆者撮影）

特に、儒学の集大成者朱熹は徽州出身で、彼の名が高まると共に、徽州地域において朱子学の勉強を重視する伝統が形成された。明清以降、政府の統治政策として朱熹の思想を取り入れ、朱熹が注釈した「四書五経」は科挙試験の指定教材となった[16]。上述した背景の下で、徽州地域において儒学の学風が盛んになり、読書によって官員になる風潮が強まった。徽州の人々は儒学の教育を極端に重視し、「わずか十戸しかない小さい村であっても、勉強を廃さない」といわれるほどであった[16]。

教育内容については、封建時代の中国における「万般皆下品、唯有読書高」（何もかもすべて下品、高尚まのは読書だけ[17]）、「学而優則仕」（学問をして優秀な者は出仕して官吏になる[18]）の伝統思想に倣い、徽州においてはまず、将来「仕」の階層に入る為に幼い頃から儒家の経典を勉強させる。たとえば『績渓県南関許氏惇叙堂宗譜』の家訓には、次のようにある。

子供は七歳になったら小学校に入って句読を学び、

徽州府進士人数と学校数一覧

府轄県名	歴代進士人数				清康熙年代学校数	
	宋	明	清	合計	社学	書院
歙　県	99	164	109	372	112	14
休寧県	153	56	54	263	140	11
婺源県	185	98	39	322	140	12
祁門県	54	46	7	107	27	4
黟　県	75	11	6	92	13	5
績渓県	31	17	11	59	30	8
不　祥	27			27		
総　計	624	392	226	1242		54

（以上の資料により筆者作成　学校数：康熙『徽州府治』巻7「学校」；進士の数：葉顕恩『明清徽州農村社会与佃仆制』（安徽人民出版社、1983、P192)、面積数字は同書P25；人口：高寿山『徽州文化』（遼寧教育出版社 1998年6月、P18「970年—1970年徽州人口与土地変動一覧表」参照)

礼を習う。その放慢な心を収め、道徳心を涵養し、孝悌忠信、礼儀廉恥を知らしめる。聡明な者は儒学を勉強させ、科挙に合格して家名をあげることを期する。

要するに、儒家の徳目である孝、悌、忠、信、禮、義、廉、恥を身につけることは思想教育の根本である、私塾、義塾、官民連携や民間の力が中心に設立した書院、政府が開いた府学、県学、社学などの教育施設では「四書五経」、時文、八股文などの儒家学説と科挙教育に関係する内容を教えた[19]。

徽州の女子は男と同じ書院には行けないために家庭で教育を受けた。内容は儒家経典、および女性の倫理規範であり、テキストには『千字文』『百家姓』『三字経』などの男女共通の啓蒙教材以外に、「烈女伝」「女誡」などの女子向けの儒学の教訓書が使用された。徽州各宗族の家訓からその内容を伺うことが出来る。例えば歙県潭渡『潭渡孝里黄氏家訓』において「…各堂子姓当以四徳三从之道训其婦…」（本族各門は「三従四徳」の道で婦人を教育しなければならない）などの内容は家訓にしばしば使われた。

封建社会の女性は科挙への参加を許されておらず、また「婦女専主家政」（婦女は家政に専念すべきである）[20]とされたので、女子に対する教育目標は「良家の淑女」となり、「大家の閨秀」となることであった。すなわち、儒家の女性倫理規範を守り、家事や刺繍などに長じていることである。

徽州が儒学教育を推進した目的は、科挙官僚・官員を育成して、家族と宗族の社会地位を高め、利益を守ることにあったと考えられる。下記の徽州の書院数と進士数から、徽州における儒家教育の発達とレベルの高さがうかがえよう。

2．商業の重視

徽州地域は現在も「七山一水一分田、一分道路和庄園」（全地域に七〇％は山地、一〇％は川と湖、一〇％は耕地で、あとは道路と農庄である）と称されている。農業では生計を維持することが困難であることから、宋代以降、とくに明代中期、商工業の発展にともなって外地に赴き商業に従事する者が増大した。この方面の研究には一定の蓄積があり、日本においては五〇年代の藤井宏の『新安商人の研究』、最近では臼井佐知子の『徽州商人の研究』などの成果がある。[21]

徽州商人が経営した業種は食塩、質屋、茶、木材が中心である。特に塩業貿易に従事する徽商が典型的なものとされる。明代半ばから清代半ばまで、三、四百年にわたって活躍した徽商は、商業経営の際に、儒家倫理規範を商業道徳として遵守し、科挙を通じて官員になった徽州出身の政治権力者と結びつき、ときに独占的な仕方で巨大な財産を築き、明清時代における中国の最大の「商邦」（商人による団体組織）のひとつとなった。その勢力は明清時代に「無徽不成鎮」（徽州商人なくして鎮ならず）という言葉が流行していたほどである。

3．宗族組織

朱熹と儒家思想の影響を受けている徽州人は宗族意識が強く、宗法によって同族を結束していた。「宗族」とは、始祖に始まりまだ存在していない子孫へと続く父系の血統（気脈）を受ける人間存在の総体を意味する。宋元以来、特に明清時期に徽州は、中国封建宗族制度の典型地区であった[22]。徽州地域宗族組織の発達は、封建時代の生産方式などに根本的原因[23]がある外、その特質は婺源出身の朱熹が編纂した『家礼』と関係が深い。『家礼』には宗族の凝集力を強める方法について、祠の設立、族譜の編纂によって系譜を明確にすること、始祖・祖先祭祀および祭田の設置などを提案した。徽州人もまた、宗法によって同族を結束し、宗族として団結し、宗法を最も重視し、『家礼』にあるように族譜の編纂と祠堂の建設を行っていた。

宗族の宗派、源流、繁衍とその発展を記録する家譜は宗族制度を維持し、同族の者の血縁意識を強固にする重要な手段の一つである。最も重要な手段は祠堂を建設して、祠堂を通じて同族の結束と管理の機能を発揮する。それは以下の面に現れている[24]。

（一）宗法思想と宗族観念を強化する

徽州祠堂の中央に同宗の祖先の位牌と像を置き、例年同宗族の全員が祠堂に集まり、誠心誠意を持って祖先を祭祀することで、同宗族の観念を強化する。

（二）宗族内矛盾の緩和と団結の強化

家庭内の喧嘩や民事・刑事事件などが起こった際、族長は関係者と祠堂で協議・解決し、団結を強化する。

（三）日常事務管理と宗族組織の強化

同じ宗族の者は普通、各宗族が所属する数個の村の治安、衛生、建設、生産計画、家訓と族規の宣伝、結婚式、葬式及び重大事件の討論などを祠堂で行う、宗族組織は地方政府組織と連携して、族民を管理する。族長を首とする宗族組織はある面で地方官吏より権力が大きく、直接族を統治していた。

4．道義の重視

すでに述べたように徽州地域では、儒家の「道義」を重んじており、各階層の人は慈善事業に熱心に取り組んだ。徽州の商人と徽州出身の官僚たちが出資した慈善事業の内容は主として、書院等の教育機構と徽州の道路、橋、祠堂、牌坊などの公用施設の建設及び災害救済への寄付である。明清時代の徽州書院の多くは徽商の寄付で建てられたものである[25]。また、書院の維持と発展に必要な資金源も寄付である。富裕層以外の人も自分の力で道路などの建設に熱心に参加した。

周囲を山に囲まれた自然の条件及び歴史と経済の特殊性により、徽州に残る古建築は悠久の歴史を持ち、種類や数も多く、質も高いため、皖南（安徽省南部）ひいては中国全土の建物の中でも傑作であると言われている。徽州地区は古代徽州文化がもっとも発展した地であり、「徽派の古建築と長廊」が称えられてきた。元・明・清時代の古い徽派建築が三〇〇あまり保存されており、「古建築の三絶」――古牌坊、古民家、古祠堂が数多く残る。

続いて、その三絶の一つ「牌坊」の数量・分類・機能などの調査結果を整理しておく。

第三節　徽州の牌坊

ここでは、徽州地域の牌坊数と所在地の実態について述べる。この地域の以前の牌坊数は、地方志の記載によれば現在より多かったことがわかる。『安徽通志』[26]によれば、唐宋時代以来徽州には牌坊が四〇〇あり、民国時代の『婺源県志』によれば、民国以前に婺源県内の牌坊が二六〇基とあり、清代同治年の『祁門県誌』の記録によれば、県内に一三〇個牌坊があったとの記載がある。その他には、清の嘉慶年の末期まで、休寧県内の牌坊が一八七基、積渓県内の牌坊が一四七基であるとの記録もある。後述するが、天災と人災などの影響により牌坊は次第に少なくなった。

現存牌坊の数の確認の為に、筆者は歙県の政府の文物局の鮑雷局長の協力を得て、歙県城内に滞在して調査し、数十年のあいだ牌坊を探して撮影した晋元靠などの地元の人々に教えを請うた。鮑雷は「地元の政府ははっきり統計しなかった」と言い、晋元靠は「この約二十年間に、私は一二三基の牌坊を発見と撮影した。牌坊は必ずまだある」と教えてくれた。また、安徽大学の徽学研究中心の主任卞利は「徽州の現存牌坊は一二九基である」と言った。晋元靠の挙げた数字を筆者は信じるが牌坊の跡や壊された不完全な牌坊もその数字に含んでいるのではないかと思われる、また卞利は大学の研究者であるため、野外調査時間は晋元靠よりすくなく、文献と資料からの一二九の数字を得たと考えられる。

羅剛、晋元靠の共著『徽州古牌坊』では、積渓、休寧、祁門県、黟県に現存する牌坊一覧表として一一三基の牌坊の名前と場所を列記しているが、牌坊の名前と場所などに間違いがある。以上の先行研究をふまえて、筆者は数回にわたって現地調査を行った。

徽州地域の民間では「徽州牌坊多、歙県是個窩」（徽州において牌坊が多い、歙県は牌坊の巣である）という言葉がある。筆者の調査は古徽州府役所所在地である歙県から着手した（婺源県は現在江西省の一部になり、時間などの原因で調査は歙県を重点として、黟県、績渓県、祁門県、休寧県での調査を行った）。しかし、徽州地域の牌坊の現地調査と統計は想像以上困難なことであった。なぜなら牌坊は昔、旧道の傍に建てられたが、現在、その旧道がもはや現存しておらず、交通が不便になり、調査が容易ではなくなったからである。また、ある牌坊は民家を支える壁の一部として使われて見えない状態になってしまった。住民たちの、牌坊の歴史文化価値に対する認識は薄く、保護制度・資金などもないために、一一一基の牌坊中およそ九〇％は野外で放棄されたままである。調査の結果、徽州地域では（婺源除外）一一一基の牌坊と場所の確認ができた（牌坊の遺跡、残っている石などの確認できない牌坊もある）。羅剛の『徽州古牌坊』の付録に「古徽州現存牌坊一覧表」があるが牌坊の名前の重複がある。それを参考した上で、筆者の目で確認した牌坊の名前と所在地を整理して、次の二つの表に示した。

積渓、休寧　祁門県、黟県における歴代牌坊統計数字
（羅剛の『徽州古牌坊』と筆者現地調査結果を参考に筆者作成）

府轄県名	歴代牌坊の数				
	宋	元	明	清	合計
歙　県	1	1	42	46	90
休寧県			5	2	7
祁門県			1	0	1
黟　県			1	1	2
績渓県			10	1	11
総　計	1	1	59	50	111

徽州地域の積渓、休寧　祁門県、黟県における牌坊一覧
（＊は貞節牌坊である）

<table>
<tr><th>番号</th><th>牌坊名</th><th colspan="2">所在地</th><th colspan="2">建設年代</th></tr>
<tr><td>1</td><td>丞相状元坊</td><td rowspan="6">歙県</td><td>槐塘村</td><td colspan="2">南宋、1263年前後（歴代修繕）</td></tr>
<tr><td>2</td><td>貞白里坊</td><td>鄭村郷鄭村</td><td colspan="2">元の末期</td></tr>
<tr><td>3</td><td>葉氏木門坊＊</td><td>県城城関闘山街</td><td rowspan="11">明代</td><td>洪武(1368～1398)</td></tr>
<tr><td>4</td><td>慈孝里坊</td><td>棠樾村</td><td>永楽(1403～1424)</td></tr>
<tr><td>5</td><td>尚濱　坊</td><td>城関城東路</td><td rowspan="4">成化(1465～1487)</td></tr>
<tr><td>6</td><td>汪氏科第坊</td><td>大里村</td></tr>
<tr><td>7</td><td>馮村進士坊</td><td rowspan="2">績渓</td><td>馮村</td></tr>
<tr><td>8</td><td>世肖　坊</td><td>仁里村</td></tr>
<tr><td>9</td><td>洪氏宗祠坊</td><td rowspan="5">歙県</td><td>洪坑村</td><td>弘治(1488～1505)</td></tr>
<tr><td>10</td><td>旌孝坊</td><td>潭渡村</td><td>弘治(1506～1521)</td></tr>
<tr><td>11</td><td>五馬坊</td><td>許村鎮</td><td rowspan="3">正徳(1506～1521)</td></tr>
<tr><td>12</td><td>竜興独対坊</td><td>槐塘村</td></tr>
<tr><td>13</td><td>忠烈祠坊</td><td>鄭村西渓南</td></tr>
</table>

14	翰苑坊	歙県	霊山村	明代	正徳(1506～1521)
15	貞白の門坊		鄭村後街		
16	進士第門坊		岩寺鎮後街		
17	江氏世科坊		城関東門外		明中期
18	薇省坊		許村鎮高陽村		嘉靖(1522～1566)
19	羅田方氏宗祠坊		羅田村		
20	大夫坊		城関城東路		
21	四柱四方坊		口村		
22	石岡汪氏宗祠坊		石岡村		
23	鄭氏世科坊		豊口村		
24	方文貴進士坊		虹光村忠塘		
25	鮑燦孝行坊		棠樾村		
26	奕世尚書坊	積	積渓大坑口		
27	大夫坊		馮村		
28	程定進士坊		華陽鎮項家橋		
29	尚書府坊		滸里村		
30	薬公墓道坊		仁里村		
31	節婦坊　　＊		勘頭村		
32	旌表坊　　＊		勘頭村		
33	胡淳墓道坊		臨渓鎮石榴村		
34	双寿承恩坊	歙県	許村鎮		隆慶(1567～1572)
35	殷尚書坊		殷家村		万暦(1573～1620)
36	大司徒坊		殷家村		
37	三世二品坊		虹光村忠塘		
38	許国石坊		城関解放街		1584年
39	高陽里坊		城関東門外		万暦(1573～1620)

40	父子明経坊	歙県	城関上路街	明代	万暦（1573～1620）
41	金紫祠坊		潜口村		
42	竜章褒節坊＊		沙渓坊		
43	柏台世憲坊		城関新安門内側		
44	レンガ門坊＊		洪坑村		
45	呉中明坊		西渓南村		
46	旌表坊　＊	積	積渓華陽鎮北大街		
47	鮑尚賢尚書坊	歙県	棠樾村		天啓（1621～1627）
48	鮑氏節孝坊＊		城関上路街		
49	父子大夫坊		稠墅村		
50	三朝典翰坊		許村鎮高陽村		崇禎（1628～1644）
51	多綉重光坊		城関北大街		明末期
52	大郡伯第坊		許村鎮高陽村		明代
53	竜源坊	休寧	休寧竜源村		明代
54	大夫坊		休寧商山村		明代
55	小呐坊	休寧	休寧小呐		不詳
56	斉雲山牌坊群		休寧岩前斉雲山		
57	太塘牌坊		休寧岩前太塘村	明代	明中期
58	胡文光刺史坊	黟	西逓村		1578年
59	程昌牌坊	祁	祁門県六都村		明
60	恩褒双節坊＊	歙県	江村		明
61	黄氏孝烈門坊＊		闘山街		明末清初
以下は清朝（1644～1911）に建てられた牌坊					
62	胡氏節孝坊＊	歙県	琳村	清代	順治（1643～1661）
63	宝務中天坊		小渓村		康熙（1661～1722）
64	呉蔚起坊		南渓南村		

65	胡氏進士坊	歙県	呉川村	清代	康熙(1661～1722)
66	同胞翰林坊		塘模村		
67	旌表坊　＊	績	績渓項家橋		
68	蔣氏節孝坊＊		徐村下街		
69	黄氏節孝坊＊		新管村		雍正(1722～1735)
70	呉氏世科坊	歙県	城関中山巷	清代	雍正(1722～1735)
71	呉家節孝坊＊		長林村		
72	鮑文淵継妻呉氏節孝坊　＊		棠樾村		
73	呉氏節孝坊＊		稠墅村		乾隆(1735～1795)
74	方氏節孝坊＊		稠墅村		
75	褒栄三世坊＊		稠墅村		
76	洪氏進士坊		洪坑村		
77	恩褒四世坊		麻榨下		
78	呉氏貞節坊＊		洪坑村		
79	含貞蘊粋坊＊		城関北大街		
80	徐氏祖祠坊		徐村		
81	姚氏貞節坊＊		昌渓村		
82	宗仁公墓道坊		雄村		
83	鮑公墓道坊		雄村		
84	光分列爵坊		雄村		
85	仇氏貞節坊＊		高金村		
86	汪氏節孝坊＊		蘭田村		
87	四世一品坊		雄村		
88	蜀源貞寿の門坊＊		蜀源村		
89	蜀源鮑氏節孝坊＊		蜀源村		

90	許氏節孝門坊＊	歙県	大里村	清代	乾隆(1735～1795)
91	＊黄氏節孝門坊		鄭村		
92	崇報祠坊		雄村		
93	蜀源讃憲坊		蜀源村		中期
94	彤史垂芳坊＊		環泉村		嘉慶(1796～1820)
95	双節坊＊		環泉村		1820年
96	鮑逢昌孝子坊		棠樾村		嘉慶(1796～1820)
97	楽善好施坊		棠樾村		
98	牌辺汪氏貞節坊＊		牌辺村		
99	洪坑呉氏節孝坊＊		洪坑村		
100	定潭呉氏節孝坊＊		定潭村		道光(1820～1850)
101	徐氏貞節坊＊		慈姑村	清代	咸豊(1850～1861)
102	方守仁儀石坊	祁	竹渓村		同治(1861～1875)
103	竹渓節坊群（３基＊）	歙県	渓村		末期
104	竹渓孝節坊		渓村		
105	孝貞節烈坊＊		城関新南路		
106	富渓牌坊	休寧	富渓村		
107	当金牌坊		当金村		
108	陳氏貞節坊＊	歙県	柔川村（柔川村貞節牌坊群）		1668年
109	項氏貞節坊＊				1743年
110	洪氏貞節坊＊				1851年
111	孝貞節烈坊＊		城関新南路		1905年

許国石坊

双貞節坊

　以上は筆者が確認した一一一基の牌坊である。建築材料は主に村付近の山地からの「麻石」「青石」である。最も古い牌坊は南宋一二七五年に建てられた槐塘村の丞相状元坊で（上表1番目）、最も新しい牌坊は一九〇五年に建築された貞節牌坊である（上表一〇二番目）。ほかの牌坊の多くは、徽州商人の商業と教育などが興隆した時代、つまり明中期の万暦と清中期の雍正・乾隆時代に造られた物である、許国八柱牌坊はこの時代の代表的な牌坊と言える。許国石坊は体積が最大の牌坊で（前表三八番号）、一一・四（高）×六・七七（幅）×一一・五四（長）の四つの面がある牌坊であり、一方最小の牌坊は双節坊（上表九五番目）で、三・八メートル（高）×一・八メートル（幅）である。

　上表の牌坊のうち貞節牌坊は三九基ある（三、三一、三二、四二、四四、四六、四八、六〇、六一、六二、六七、六八、六九、七一、七二、七三、七四、七五、七八、七九、八一、八五、八六、八八、八九、九〇、九一、九四、九五、九八、九九、一〇〇、一〇一、一〇三[三基]、一〇五、一〇八、一〇九、一一〇、一一一）。もっともそのうち、一〇三番の「竹渓貞節牌坊群」には三基の貞節牌坊（牌坊に女性の名前、事跡が記録されていない）があるので、確認できる貞節牌坊の実際の数字は四一基である。他は科挙の名人、官員の功績及び親孝行の品徳を表彰する牌坊であり、また一部分は祠、墓の前に立てられた、単に空間を表示するための牌坊である。

次の章では、徽州の代表的な牌坊の形状を具体的におさえた上で、これらの貞節牌坊について個別に、その形状、建てられた経緯などについて、詳細に考察してみたい。

第四節　徽州の代表的な牌坊の考察

牌坊は普通、村の出入り口、道路、寺院、陵墓、祠堂、架け橋、渡り場、園林などに設置される。牌坊の構造は一本の梁と二本の柱に一つの屋根、一本の梁と二本の柱に屋根と斗拱があわせて三つ、三本の梁と四本の柱に屋根と斗拱があわせて三つもしくは七つ、九つ、五本の梁と六本の柱に屋根と斗拱があわせて五個もしくは一一個などがある。

徽州の牌坊は古道の両側、町と村の入り口、祠の前などでよく見られる。構造は三本の梁と四本の柱、屋根と斗拱が主でする。前文で徽州地域の全体の牌坊を調査したが、ここでその中の代表な牌坊を考察してみよう。

昔の徽州府の所在地――歙県県城の西郊外六キロのところに位置する棠樾牌坊群は最も有名で、徽州牌坊の代表的なものと言える。棠越村は人口五〇〇人の小さな村で、鮑氏一族の集落である。鮑氏一族は南宋の建炎年間に移り住んだといわれ、以来八百余年の歴史をほこる。乾隆帝はその昔、この村を「慈孝天下無双里、錦繍江南第一郷」（慈善と孝行は世の中に同じ村がない、風景は江南に第

徽州棠樾牌坊群

一である）であるとほめ称えた。村のはずれにはここ一番の見所である棠樾の牌坊群は、明代の三基、清代の四基、合わせて七基の牌坊が順番に並び、封建社会の「忠孝節義」という倫理観を描き出している。「慈善里坊」「矢貞全孝坊」などの文字が書かれ、忠誠を現す牌坊が二つ、貞節を表す貞節牌坊が二つ、孝行が二つ、義がひとつ建てられている。年代的には明代のものが二つ、清代のものが五つある。畑の中に建つ、高さ11M の牌坊群は壮観である。（本節の 125 頁までの写真は二〇一一年七月一六日徽州で筆者撮影）

棠樾の牌坊群の傍らには二つの祠堂がある。一つは「鮑氏敦本堂祠」で俗に「男祠」と呼ばれ、もう一つは「鮑氏妣祠」でまたの名を「清懿堂」と言い、俗に「女祠」と呼ばれる。「女祠」は「女人は祠堂に入ってはいけない」という旧例を破ったもので、非常に珍しい祠堂である。その中国で唯一女性専用祠は清嘉慶年間に鮑氏二四代目の鮑啓運の主導で建設されたのである、幅は 16.9M、深さ 48.4M である、中に鮑氏歴代の貞節女性の位牌と事跡の絵と説明文を並んでいる。

徽州鮑氏宗族の男性宗祠（男祠）—— 敦本堂祠

徽州鮑氏男性宗祠敦本堂内の壁に朱熹の自筆の字句：

「節」「廉」

「孝」「忠」

徽州鮑氏宗族の女性宗祠（女祠）——清懿堂の外と中（一部）

清懿堂の外

清懿堂の中（一部）

清懿堂の中に並んでいる貞節女性の位牌
（文字：汪氏鮑文寛妻、年十七夫故、守節二十八年而没）

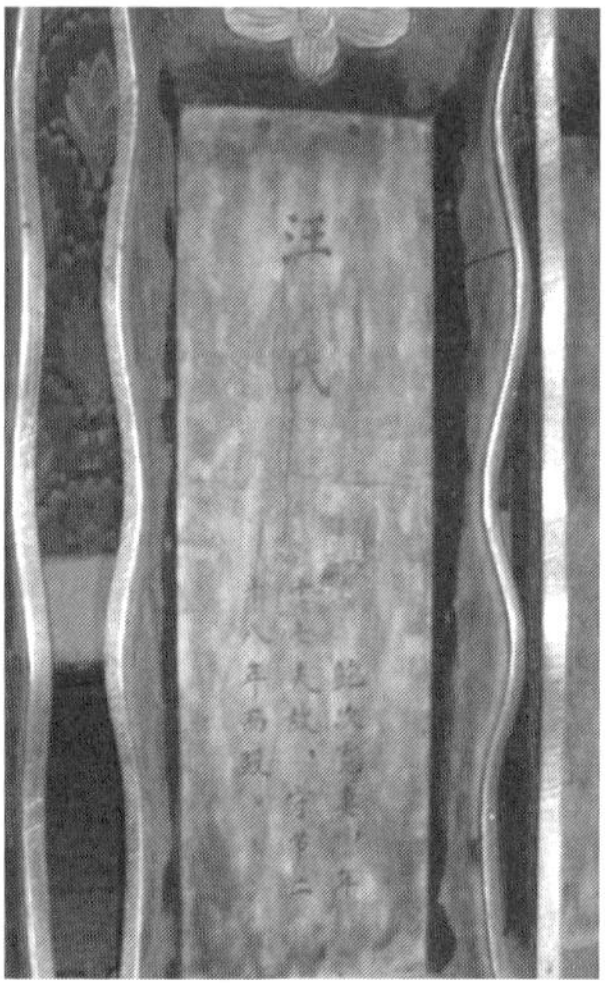

1. 鮑象賢尚書坊

さて、棠樾村外の東側から村の入り口の男祠への石畳に沿って、七基の牌坊について考察してみよう[補注1]。

1.「忠誠」牌坊――鮑象賢尚書坊

碑文によれば、この牌坊は明代天啓二年（一六二二年）建設、清代乾隆六〇年（一七九五年）修復。鮑象賢は嘉靖八年に進士となり、戸部右侍朗、兵部左侍朗などに任命され、亡くなった後は、工部尚書の称号を与えられた。この石牌は、彼が雲南、山東を鎮守したのを讃えて建てられた。上部の真中の両側に「命渙絲綸」「官聯台斗」の字がある、牌坊の幅は9.35M、高さは11.9Mである、鮑家の一つの功名牌坊である。

2. 鮑逢昌孝子坊（文字：天監精誠）

2.「孝行」牌坊――鮑逢昌孝子坊

碑文によればこの牌坊は「鮑逢昌孝子坊」と言う、清代嘉慶二年（一七九七年）建設。高さ11.79M、幅は9.28M。横梁の両側に「天監精誠」「人欽真孝」扁額がある。民国の『歙県誌・孝友』にその牌坊についての記載がある。

世が混乱を極めた明末、鮑逢昌の父が外出したまま行方不明になってしまった。そのため当時一四歳だった鮑逢昌は、物乞いをしながら父探しの旅に出る。そしてある日甘粛雁門の古寺で父を発見した。この石牌は、この鮑逢昌の親孝行ぶりを讃えて建てられた。

3. 鮑文淵妻貞節牌坊（文字：脈存一線）

3.「貞節」牌坊——鮑文淵妻節孝坊

清碑文によればこの牌坊は乾隆五二年（一七八七）に建設。牌坊の高さは11.9M、幅は約9Mである。扁額に「節欽鮑文淵の妻、呉氏が貞節を守ったことと孝行ぶりを讃えて建てられた。『歙県誌・列女』の記載により、その貞節牌坊に表彰される主人呉氏は上海嘉定県の出身で、二二歳の時に徽州の鮑文淵と結婚、二九歳で夫を亡くした。彼女は六〇歳で亡くなるまで、三一年間貞節を守り、鮑文淵の前妻の子供鮑元標を育てあげ、鮑元標は清代の有名な書道家になった、また、呉氏は亡くなった夫の家の九代に渡る祖先の墓を整備し直した。鮑の宗族は呉氏の行為事跡に感激され、朝廷に報告して、その貞節牌坊の建設許可を得た。

4. 漱芳父子義行坊（真中の字：楽善好施）

4.「道義」牌坊――鮑漱芳父子義行坊「楽善好施坊」

清代嘉慶二五年（一八二〇年）建設。11.7m（高）×9.19m（幅）。『歙県誌・義行』に記載がある。乾嘉年間に塩の売買で巨大な富を蓄えた鮑漱芳、鮑均父子が、塩税、軍需、黄河の堤防建設、被災者救助のために巨額の金銀を寄付したことなどを讃えて建てられた。

5. 鮑文齢妻貞節牌坊（真中の字：立節完孤）

5.「貞節」牌坊――鮑文齢妻節孝坊

清代乾隆四一年（一七七六年）の九月に建設。11.1M（高さ）×8.75（幅さ）。鮑文齢が亡くなった後二五年間も貞節を守り一人で子供を育て、四五歳で亡くなった妻、汪氏を讃えて建てられた。真中の横梁の両側に「立節完孤」「矢貞全孝」の字がある。『歙県誌・列女』に「鮑文齢妻汪氏，棠樾人，年二十五守節，卒年四五。」の記載がある。

6．「孝行」牌坊：慈孝里坊（横梁文字：慈孝里）

6．「孝行」牌坊——慈孝里坊

明初期、永楽一八年（一四二〇年）建設、乾隆一四年（一七四九年）修復。宋末期、元初期に鮑宗岩と鮑寿孫父子が、反乱軍に捕虜として捕まった際、どちらか一人を殺すといわれ、自分を殺してほしいと父子どちらも申し出た結果、二人とも殺されてしまった。後の朝廷は、この父子をたたえ、この石牌を建設した。

7．鮑燦孝子坊

7．「孝行」牌坊——鮑燦孝子坊

明嘉靖一三年（一五三四年）に建設、清乾隆一四年（一七四九年）修復。8.4M（高）×8.27M（幅）。書生であった鮑燦は母の潰瘍の膿を口で吸って助けたことから、多くの文人に讃えられた。また、嘉慶年間には孫の鮑象賢の国への貢献が認められ、鮑燦は朝廷から兵部の右侍郎を任命された。鮑象賢は祖父鮑燦の孝行を表彰する為に、皇帝に孝節牌坊を建設する事を申請して、許可をもらった後、「鮑燦孝子坊」を建てた。『歙県誌・孝友』に当該牌坊についての記載がある。

これら7基の牌坊のうち、「貞節」「孝節」を表す牌坊は四基ある。牌坊は昔の封建社会における最高栄誉のシンボルである、そのなかでも二基の貞節牌坊は儒家に提唱される男性の倫理、つまり「忠誠」「道義」の思想を表す牌坊と並んで真中に建てられていることから、女性の貞節および貞節女性が重視されていたことがうかがえよう。貞節牌坊の規模、また女性専用の祠が建てられたという事実からは、男尊女卑などの儒家思想を読み取ることは出来ない。

おわりに

以上、徽州地域の社会的特徴と徽州牌坊の基本的な状況及び個別の状況を考察してきた。

牌坊は中国伝統文化の一つのシンボルとして徽州地域によく見られる。儒学を重視する徽州地域で、儒家の思想と倫理は、功名牌坊、貞節牌坊などの牌坊において宣伝され、地域の人の行為と風紀に影響を与えてきたのである。徽州の周辺の山石及び徽州商人の財力は、牌坊の建設のために材料と金銭を提供した。

自然災害と人為的な破壊などが原因で多くの牌坊が失われてしまったが、調査した一一一基の牌坊の中には依然として三九基の貞節牌坊がある。ここから徽州地域の貞節女性は社会から尊重され、当時の功臣、孝子などと並んで、社会的に各階層に表彰され、個々の人生における道徳を達成したことがうかがえよう。

次章では、徽州牌坊中の貞節牌坊及び貞節女性に関して、具体的に考察していくことにしたい。

注

1 劉敦楨、一九三三年四月。
2 梁思成、二〇〇七年二月、四六九頁。
3 馬炳堅、二〇〇五年。
4 馮建逵、楊令儀、二〇〇二年。
5 宋子龍、晋元靠、一九九三年。
6 万幼楠、一九九六年。
7 韓昌凱、二〇〇一年九月。
8 金其楨、崔素英、二〇一〇年一〇月。
9 中国大百科全書編集委員会『中国大百科全書』の「建築・園林・城市規画」中国大百科全書出版社、一九八八年五月、一三三頁。
10 本節の牌坊の歴史については、主として金其楨（二〇一〇）に依る。
11 羅剛、晋元靠、二〇〇二年。
12 面積数字の出所：葉顕恩『明清徽州農村社会與佃仆制』安徽人民出版社、一九八三年、二五頁、人口数字の出所：高寿仙『徽州文化』、遼寧教育出版社、一九九八年、一八頁。
13 中国科学院歴史研究所整理、王鈺欣、周紹泉など編集『徽州千年契約文書』宋・元・明篇第一巻、北京花山文芸出版社、一九九一年三月、序文。
14 張海鵬、王廷元主編、一九九五年、五〇四頁。
15 李琳琦、一九九〇年、一〇頁参照。
16 卞利、二〇〇四年、二五頁。

17　北宋、汪洙『神童詩・勧学』。
18　孔子『論語・子張』。
19　高寿仙、一九九八年六月、一四四頁。
20　趙華富、二〇〇四年一月、一二〇頁。
21　徽州商人に関する研究は日本において、主に藤井宏の『新安商人の研究』（『東洋学報』第36巻1－4号、一九五三年）、臼井佐知子の『徽州商人の研究』（汲古書院、二〇〇五年二月）がある、中国において、主に傅衣凌の「明代徽州商人」（『明清時代商人及商業資本』、人民出版社、一九五六年）、王振忠の『明清徽商與淮揚社会変遷』（生活・読書・新知、三聯書店、一九九六年）、張海鵬などの『中国十大商邦』（黄山書社、一九九三年）などがある。
22　前掲　注20、六〇〇頁。
23　前掲　注20、三五頁。
24　前掲　注20、一九二頁～一九六頁。
25　前掲　注15、二〇〇一年、四八頁、二七六頁。
26　呉坤、潘保楨等編集『安徽通志』、一八七九年。

補注1
　牌坊の紹介内容の出処は二〇一一年七月一六日、徽州歙県棠樾村にて、鮑氏宗族の三二代目鮑樹林氏へのインタビュー及び鮑樹林の『坊林集』（二〇〇八年、安徽文芸出版社）を参考にした。牌坊の写真5．6．7．は二〇一一年七月一六日に徽州で筆者撮影、写真1．2．3．4は www.baidu.com で検索したものである。

第六章　徽州の貞節牌坊

はじめに

前章で徽州地域の牌坊一般について考察してきた。では、そのうち貞節牌坊の状況はどうであろうか。本章で貞節牌坊について考察したい。

第一章と第二章で述べたように、古来より、中国女性に要求された貞節の思想は中国の伝統的道徳体系の重要な一環として存在し、国民の私的生活から国家システムまで全面的に重大な役割を演じてきた。それは二〇世紀始めまで及び、魯迅は一九一八年、「貞節」について次のように述べている。

いまの道学者の意見にもとづいて定義をくだせば、おそらく節というのは、夫に死なれた女が、再婚もせず、私奔もしないことである。夫が早く死ねば死ぬほど、家が貧しければ貧しいほど、その節はより高いとされる。[1]

このように二〇世紀にいたるまで女性に求められた貞節の歴史的遺産として、貞節牌坊という建築物が中国の各地に存在している。

本章では、貞節牌坊について概説した上で、特に多く分布する徽州の貞節牌坊についてその形態、数などの推移をおさえ、代表的と思われる碑文を読むことにより、貞節牌坊の特徴と機能を考察する。

第一節　貞節牌坊の起こりとその変遷

牌坊という形になる前、女性の表彰が最も早く行われたのは中国の後漢時代である。第二章で述べたように、『後漢書・安帝紀』の記述によれば、元初六年、「詔賜貞女有節義谷十斛，甄表門閭，旌顕厥行」（皇帝からの詔で貞節の女性に十斗の米を賜り、その女性が住んでいる村の門を飾って、五色の羽の旗で彼女の品行を村民に知らせた）という。唐代になると「表其門閭」、すなわち木で門を飾って、女性の貞節を表彰した。官庁の政策として貞節牌坊による女性の表彰制度は明代からはじまった。[2] 明の太祖・朱元璋皇帝の詔の後、貞節な女性を表彰するために「大者賜祠祀，次亦村坊表，烏頭契綽，照耀井閭」（大きい物としては祠を賜り、小さい物としては村に木で村の門を造り黒黒と村にそびえたった）ということを行うようになった。[3]

貞節牌坊の建て方は明代には具体的な規則はなく、清代の『大清会典』ではじめて詳しい手続きが記されるようになった。貞節牌坊を造るには、朝廷に許可された後、地方政府が国の銀元三十両を支出し、女性の夫の宗族と相談して、牌坊を建てる。この手続きを経て建てられる貞節牌坊は「専坊」、すなわち一人の女性のための牌坊である。建てる場所は貞節な婦女の住居の付近、家の門の前、村の入り口、その女性の墓の前あるいは貞節の祠、夫の宗族の祠の門の前などである。貞節牌坊制度が出来てから清の前期までに各地に造られた貞節牌坊は、全て「専坊」[4]であった。

　統治者の提唱により、また表彰された女性と家族は名誉と利益を得るので、清の朝廷には各地の役所から貞節牌坊建設の申請が殺到し、貞女節婦烈女烈婦[5]が急増し、貞節牌坊が全国各地に建てられた。それによって清王朝の財政支出も激増した。清の後期、朝廷は日に日に衰えはじめたので、嘉慶帝以後、「専坊」の建設は次第に少なくなり、代わりに詔によって各地に「総坊」[6]を建てるようになった。嘉慶四年（一八〇〇年）には次のように定められた、すなわち各県は県毎に一つの合同牌坊を建てることができ、国は各県へ金三十両を支払う。表彰される女性たちの名前は全部その「総坊」の表面に彫刻して、合同表彰されるようになった。その後は、戦争動乱などで大勢女性が殉死しても「専坊」は造らず、「総坊」を建てた。

　清の後期『同治戸部則例』の記載によれば、道光二七年（西暦一八四七年）に「総坊」を制度化する「戸部」（日本の大蔵省に当たる）の提案が皇帝に許可された。すなわち、本県に所属する孝行人貞節烈婦女は官庁に登録された後、各州市内に一つの「総坊」を建てられ、今までのように人数ごとに三十両の国の金を支出しない、後の人の名前は続けて「総坊」に彫刻する、満員なら別の牌坊を造る。これをもって、「総坊」の建設が、清朝の国策の一つとなった。その一方、羽振りのよい貴族たちは、国から金がでなければ、自前で「専坊」を造ることができた。[7]清朝末期には国が弱くなったのを反映し、公金で造った「総坊」も表彰する人数に比して小さくなっている。たとえば、道光一八（一八三八年）年に務源県城に造られた「貞孝節烈」総坊は、宋代以来の務源県内の貞節婦人二、六五八人を合同表彰していたが、光緒三年（一八七七年）に修繕した時には、五、八〇〇人の婦人を表彰している。

第二節　徽州の貞節牌坊の分析

ほかの地区では牌坊が分散しているのに対し、徽州地区の牌坊はもっとも集中しているだけではなく、保存の状態ももっとも良い。したがって徽州の牌坊があらわしている伝統倫理思想と道徳観念は、もっとも系統立っているのではないかと推定される。

『徽州志』によれば、徽州地域には宋代に牌坊自体は存在したが、貞節牌坊はまだなかった。宋の後、元代に徽州地域ではじめて貞節牌坊が建てられたが現存しない。明清は徽州地域貞節牌坊の興隆時代であり、清末に衰退し、民国の初期には貞節牌坊の建設が中止された。現在、徽州歙県の県役所所在地には、女性六五、〇七八人を合同表彰する「貞孝節烈煉瓦坊」が立っている。これは一九〇五年に建てられた、中国で最後の牌坊である。規模が小さく、材料は質素なレンガであり、表彰する女性の人数は最多であるこの牌坊は、中国封建社会の衰退を象徴するようである。

国家は民間人が自力で牌坊を建てることに対しては、「聴其自便」（すきなようにさせておく）の方針をとっていた。従って地域の経済力が、地域の牌坊の数量と規模などに直接に反映されることになった。明清時代、徽州商人たちの勢力は強かったので、牌坊の建造の資金が十分にあった。だから、徽州地域の貞節牌坊はその数が多いだけでなく、建築時期が明清時代に集中しているのである。別の一面として、徽州地域の文化的風習も、貞節な女性の大量出現と表彰の原動力となった。

2.1. 時代的な分布と特徴

本節では徽州地域の牌坊の概況を把握するために、各種牌坊の建造年表および地域的分布を考察し、また、その中の貞節牌坊の分布をまとめる。

古徽州牌坊数量は合計一一二個であり、そのうち「貞節牌坊」は三九個ある（魏則能『中国の貞節牌坊と貞節観念』名古屋大学国際言語文化研究科修士論文二〇〇六の付録四「古徽州牌坊早見表」およびp.15「古徽州貞節牌坊早見表」を参照）。それらの貞節牌坊は、建設年代によって共通点があり、年代に従い様々な点において変遷していく。それらの共通点、また変遷による相違点は次の通りである。

（一）相異点

（1）各世紀の数量（図3）

合計三九個のうち、一四世紀一個、一六世紀一個、一七世紀一個、一八世紀一九個、一九世紀一一個、二〇世紀一個。

（2）材料　一四世紀木材、一五世紀～一九世紀青い石（地元の山で大量に産する、現在でも建築材料として使う）、二〇世紀煉瓦。

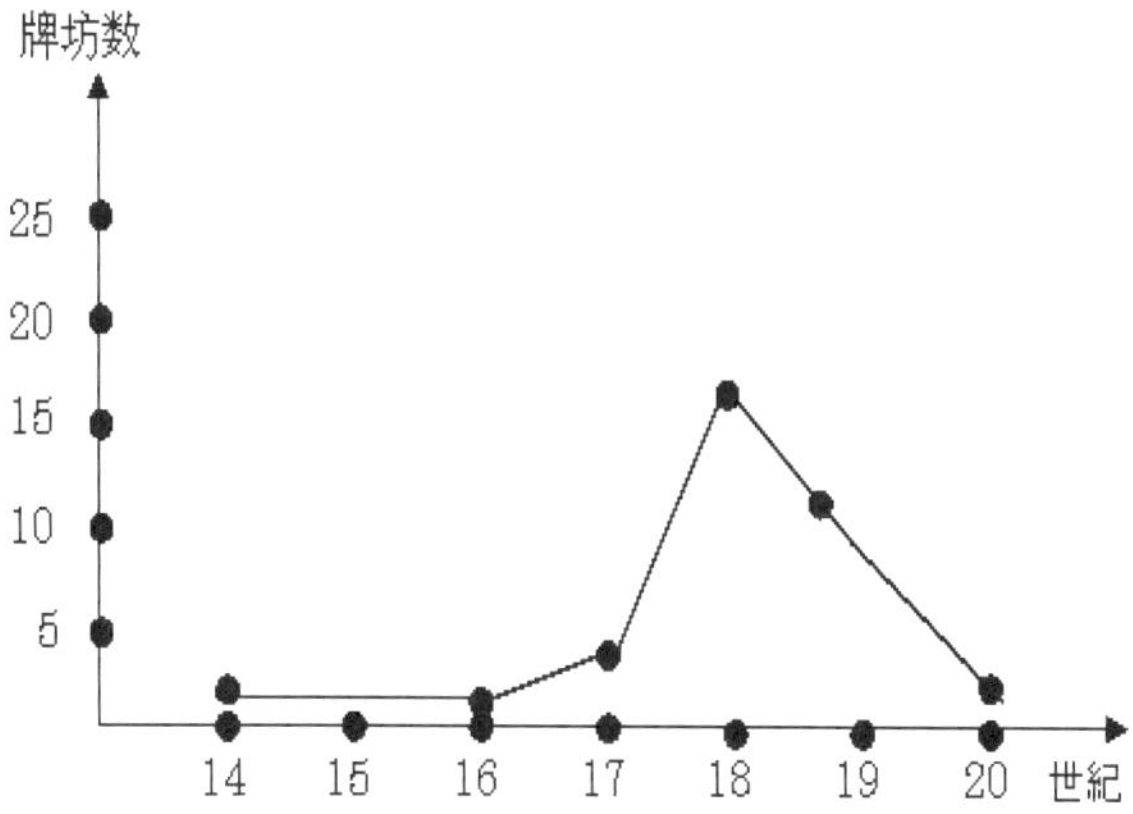

図3．各世紀と貞節牌坊数の対照図（出所：筆者作成）

(3)　表彰される人数　一四世紀から～一九世紀まで一つの牌坊で一人を表彰、二〇世紀の最後の牌坊は一つで六五、〇七八人を表彰する。

(4)　高さと幅（M）

一四世紀6×4.3、一六世紀10×9、一七世紀六個平均約10×6.7、一八世紀一九個平均約8.9×6.75、一九世紀一一個平均約7.3×4.65、二〇世紀一個6.6×6.46。

（二）共通点

(1)　牌坊に表彰された女性の貞節

表彰された女性は全て未亡人で、貞節を守った。その上で表彰理由には、夫が亡きあと死ぬまで再婚しない人、女性が一人で扶養した息子が出世した人、義父母に最期まで親孝行をした人、貧乏な人などが見られるが、その内容に時代による違いは見出せない。

(2)　牌坊の建築時間　女性が亡くなった後に建造する

(3)　建造者　全て当時の王朝政府、特に亡くなった夫の宗族の人たちが皇帝の批准をもらって建造する。

(4)　費用の由来　牌坊の上部に「聖旨」という文字があれば国費で建造されたことを示す。これは三九個の貞節牌坊の中で約八〇％を占める。他の貞節牌坊の費用は宗族が負担したものである。

(5)　構造　全て三階建てである。貞節以外の牌坊には二柱一階、二柱三階、四柱三階の三つの種類があるが、貞節牌坊は大部分四柱三階である。一番上の部分「上枋」、真中の部分「額枋」、下の部分「下扁」から成る。

(6)　各階に記された文字の内容

最上、「聖旨」―皇帝の詔により作った牌坊であることを表す。「恩栄」―地方政府が牌坊を作りたい理由の申請書を皇帝に上申し、皇帝が許可して作った牌坊であることを表す。「敕建」―皇帝が口で同意して作った牌坊。

真中、様々に異なるが二〜五文字で、女性の一生を賞賛する言葉が記されている。

最下、表彰される女性の夫の名前と女性の姓及び「貞」「節」「烈」「孝」[8]など女性の功を表す文字、表彰される女性の名はなく、父の姓だけで表される。字体は楷書で、当時の著名人が書いている。

ここで一つ例を挙げておきたい。写真1は清代（一七四六年）に建造された牌坊「含貞蘊粹坊」である

写真１．含貞蘊粹坊
（羅剛『徽州古牌坊』p193記載のものを一部修正した）

そこに三段に渡り書かれている文字の意味は、以下の通りである。

上の「恩榮」―両側に描かれている竜は皇帝のシンボルである。真中の「含貞蘊粹」―賞揚される女性が貞節を守り、純粋で高尚である。下の「旌表呉廷燐妻孫氏貞節」―呉廷燐の妻孫氏の貞節を大いに表彰する[9]。

貞節牌坊の数量・材料、または人数／個数の割合の変化が女性に対する社会の貞節思想の変化を反映しているとすれば、個数が最多で、保存性の高い青い石で作られ、一人を一牌坊で表彰した一八世紀前後に、貞節は比較的重視されていたと推察できよう。

貞節牌坊の表面の文字はその時代の貞節観を伝えている。三九個の牌坊全ての碑文は拙論二〇〇六に全訳したが、本稿では三九個のうち主要と思われるものを選択し、紹介したい。

写真２．葉氏木門坊
（羅剛『徽州古牌坊』Ｐ138）

写真３．貞節牌坊の上の部分で陽「聖旨」と文字両側の「龍」

（2005年５月筆者撮影　安徽省歙県棠樾村）

2.2. 烈節坊：葉氏木門坊（写真２）

この貞節牌坊は三九個の牌坊中の最古のものである。明太祖磯朱元璋時代の一三九一年に作られ、現在徽州地域歙県の県役所の所在地歙城内、闘山街一三号に位置している。材料は地元の山の松である。天辺に「聖旨」（詔）の字があり、傍に御璽がある。字の両方に皇帝のシンボル龍が彫られている（写真３）。詔の下の梁に「旌表江莱浦妻葉氏貞節の門」および碑文が書いてある。表彰理由は次の通りである。

朱元璋は安徽省鳳陽県の人であり、元朝末期の戦乱期、朱元璋は軍隊を率い、徽州地域の山岳部で元軍と戦った。負傷して一人敗走した朱元璋は、村民の家に身を隠した。その村民の家では主人が数年前に亡くなり、未亡人葉氏一人しかいなかったので、非常に貧乏であったが、

写真 4.　女祠と貞孝両全の扁額
（2005年 5 月　筆者撮影　安徽省歙県棠樾村）

全力で朱元璋を介抱した。後に一三六八年、南京で朱元璋は明朝の初代皇帝になった。朱元璋は世話になった葉氏に恩を返すために詔で葉氏を皇宮へ招いた。詔が徽州の葉氏の家に届くと地元の人の多くは喜んだが、葉氏は非常に悲しみ、「わたしは女性である。生きている時は主人のものだ。亡くなっても主人の霊のもの。皇宮に入れば自分の貞操と節を失う」と悲鳴をあげ、その夜、家で自殺してしまった。朱元璋は驚き、後悔した。そしてその葉氏に「貞節牌坊」を建造する詔を公布した[10]。

葉氏は自分の貞節の為に自殺したので「烈婦」と呼ばれる。

2.3.　貞孝兼備の女性

鮑氏宗族の「女祠」に並んでいる位牌は、鮑氏宗族の貞節女性のものである。このような女性専用の祠は、中国で此処にしかない。内部の中央に「貞孝両全」という大きな金文字の扁額が掛かっており（写真4）、これを揮毫したのは清朝の政治家、曽国藩である。その扁額で表彰されている女性は、徽州府知事鮑書芸の娘鮑秀鸾であり、表彰理由は碑文によれば以下の通りである。

鮑秀鸾は一七歳の時、許婚者が病死したが、そのまま結婚せず実家で暮らした。清の咸豊五年に太平天国軍が徽州府に入った。両親は娘に山中へ避難するよう勧めたが娘は「夫死守志、賊至殉節，吾分也」（夫が亡くなると節志を守る。悪人が来ると節を守るために自殺するのはわたしの責任である）と言って逃げず、実家で太平天国軍に殺された。

ここで挙げたエピソードはほんの一部の例である。各々の貞節牌坊には各々の女性の物語が含まれている。

第三節　碑文を読む：貞節女性たちの声

本節では、徽州地域に現存している三九基の貞節牌坊の碑文を収集し、碑文を通じて分かる貞節女性の存在を跡付けたい。

貞節牌坊の碑文全体の詳しい解読は、付録六を参照されたい。下の表には碑文のうち、それぞれの貞節牌坊がいったいどこの何という女性（姓のみであるにせよ）を記念しているのかをまとめた。三九個の貞節牌坊の年代、規模、所在地、碑文の原文についても付録六を参照されたい。

	貞節牌坊の名	建設年代	碑文の訳文
1	葉氏木門坊	一三六八～一三七八	江莱浦の妻葉氏の貞節を奨励する門
2	節婦坊	一五二二～一五六六	許保の妻章氏を表彰する
3	鮑氏節孝坊	一六二六年	許立徳の妻鮑氏を表彰する
	以上明代の貞節牌坊である、以下は清の時代の貞節牌坊である		
4	黄氏孝烈門坊	一六五〇年	故呉沛先生の妻黄氏の節烈を表彰する
5	胡氏節孝坊	一六六八年	故肖邦永の妻胡氏の貞節と孝節を表彰する
6	陳氏貞節坊	一六六八年	張法孔の妻陳氏の貞節を表彰する坊
7	姚氏貞節坊	一六八五年	故呉永介先生の妻姚氏を表彰する
8	宝婺中天坊	一七〇七年	貞節倫理を守る人の模範、天上の宝王
9	蒋氏節孝坊	一七二七年	徐廷鯉の妻蒋氏の孝節を表彰する
10	黄氏節孝坊	一七二九年	故鮑望錫の妻黄氏の孝節を表彰する
11	伍城石坊	一七二九年	黄鑑妻朱氏の孝節を表彰する
12	呉家節孝坊	一七三四年	碑文破損
13	古林牌坊	雍正年間	黄樟の妻程氏の節と孝を表奨する
14	呉家貞節坊	一七四一年	洪憲韶妻呉氏の貞節を表彰する
15	項氏貞節坊	一七四三年	張大曾妻項氏の貞節牌坊
16	含貞蘊粋坊	一七四六年	呉廷燐の妻の孫氏の貞節を讃する
17	呉氏節孝坊	一七五〇年	碑文破損
18	富渓節孝坊	一七五八年	清皇帝が江以宝の妻程氏を節と孝を讃する
19	仇氏貞節坊	一七六二年	鮑正松の妻の孫氏の貞節を讃する

20	汪氏節孝坊	一七六二年	葉熙鼎の後妻汪氏の節孝を表彰する
21	許氏節孝門坊	一七六四年	汪錫琳の妻汪氏の節孝を表彰する
22	呉氏節孝坊	一七六七年	鮑文渊の後妻汪氏の孝節を表彰する
23	汪氏節孝坊	一七七四年	碑文破損
24	汪氏節孝坊	一七七六年	鮑文齢の妻汪氏の孝節を表彰する
25	黄氏節孝門坊	一七八一年	鄭氏の妻黄氏の孝節を表彰する
26	屯田汪氏節孝坊	一七九二年	碑文破損
27	汪氏貞節坊	一七九六年	程秉鍔の妻汪氏の貞節を表彰する
28	王氏節孝坊	一八〇四年	故章世済の妻王氏の孝節を表彰する
29	彤史垂芳坊	一八一四年	故許可幾の妻程氏孝節を表彰する
30	呉氏節孝坊	一八一六年	故洪朴の妻呉氏程氏の孝節を表彰する
31	呉氏節孝坊	一八二二年	故張大莫の後妻呉氏の孝節を表彰する
32	悟竺源石坊	一八四四年	汪遷輝の妻呉氏の孝節を表彰する
33	洪氏貞節坊	一八五一年	碑文なし
34	徐氏貞節坊	一八五二年	雪のような高潔、松のような貞節
35	竹渓三石坊	一八六二―一八七四	碑文なし
36	方氏節孝坊	清の末期	故胡成相の妻方氏の節孝を讃する
37	程氏節孝坊	清の末期	故胡洪炬の妻程氏の孝節を讃する
38	孝廉門坊	清の末期	親孝行の瑞鐘の妻程氏を讃する
39	貞孝節烈煉瓦坊	一九〇五年	徽州府に在住の貞節婦人烈婦、孝婦六五，〇七八人を表彰

左表の碑文から、名前もない貞節女性たちは、一生の貞節行為で当時社会から最高の賞賛と栄誉を得たことが読み取れる。

碑文に表彰された女性の約半数が「孝婦」であり、徽州地域の孝節は貞節と並び、地域の社会に重視され、宣伝されている。

貞節女性たちは自身の貞節行為で家族と親族及び地域社会に力を捧げて貢献していた。上述の金其楨、章義和などの批判者たちは貞節牌坊からは女性の苦痛の伸吟しか聞こえないと述べたが、はたしてそうであろうか。貞節牌坊には、儒家倫理の薫陶を受けた徽州女性の忍耐力と強さが現われているといえよう。

第四節　なぜ徽州で貞節碑坊が興隆したか

徽州地域に多くの貞節牌坊が建ったのは歴史と深く関わっており、特殊な原因がある。本節ではその原因を分析してみたい。

4.1.　徽州地域の経済

徽州地域は山地に位置しているため、歴代の戦争は波及しなかった。貧しいが安全な地域なので、戦乱を逃れて中原から徽州地域へ移住した人が多かった。山地が多いため田地が少ないにもかかわらず、明清代に徽州地域の人口密度は高かったのである。そのため、生活を維持するためには出稼ぎに行くことが当時の唯一の選択であった。

明清代に徽州出身の商人は「徽商」と呼ばれ、山西省の「晋商」と並ぶ最大の商人団体となり、当時の塩業、運輸業、国際貿易などの各業種を経営し、巨額の財産を蓄積した。徽州の男性は、普通一三歳になると家を離れて族人と一緒に別の省へ赴き、商業に携わる伝統があった。家を出る前には結婚または婚約し、妻と両親を残して出稼ぎに行った。交通が不便な時代であったから五年、一〇年故郷の妻と会えない人も多かった。徽州の民謡に「一世夫婦三年半、十年夫婦九年空」(夫婦は十年のうち九年空白)と謡われる通りである。

そのような夫婦生活が、徽州地域で貞節が強調されるようになった原因であろう。もし、徽州の男性たちがずっと家族と一緒に生活していたら、妻に対して貞操をわざわざ強調する必要もなかったであろう。いかなる手段で故郷の妻たちの言行を束縛するか。徽州地域の男たちと男を中心とする宗族は貞節観念の教育と貞節牌坊を選んだ。貞節観念で女性を縛り、貞節牌坊で女性を奨励したのである。具体的には、「徽商」は地域の貞節な女性本人とその家庭を援助し、貞節牌坊と祠、学校などを建築することにより、貞節を奨励し推進した。

徽州地域の経済行為と財力は、貞節観念の推進と貞節牌坊の建設の経済的基盤となった。幼い時から貞節観念の薫陶を受けて、徽州地域の女性たちは自分の自由と幸福の権利を知らず、貞操を守る事しか知らなかった。

4.2. 徽州宗族の力

ここでは、徽州の道徳を規定する宗族の観念について、貞節に即して紹介しておきたい。

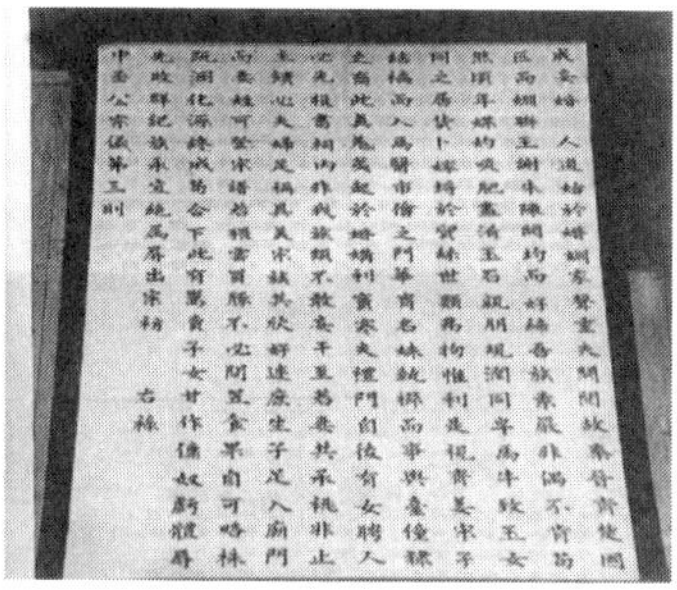

写真５. 歙県東舒祠の「族規」誡妄婚
（張小平『徽州古祠堂』p135）

写真６. 棠樾牌坊群の傍の
鮑氏宗族祠の内
（張小平『徽州古祠堂』p143）

徽州地域は女性の貞節を極めて重視し、各宗族の「族規」は貞節についての規定を詳しく制定した（写真５）。以下にそれぞれ規定の内容によって例を示す。

（一）「別男女，粛閨門」[11]。（男女を区別し、家族の女を厳しく管理する）

黟県の環山の余氏宗族《余氏家規》の第六規定に、次のようにいう。

(1) 閨房の内外の管理は、厳しくしなければならない。昔より婦人は昼に庭園を遊覧しない、兄弟と会っても、距離を置いて挨拶する。宗族の女性たちは、毎晩明かりをつけた後に家を出るのを禁止する。また、世俗をまねて集会や演劇や登山、寺の参詣などに行くことを禁止する。違反すれば処罰する。

(2) 本宗族の男女たちは出合う時に、通常の礼により挨拶するが、居間や路上などで偶然に出会う時には、必ず旧規定によって互いに回避しなければならない。その時に世間話をするのは禁止する。違反すれば厳しく処罰する。

(3)　一三歳以上の娘は母と一緒に家を出て、日帰りしなければならない。親しい親戚の家も同じである。違反すれば、娘の母を厳重に処罰する

(二)　女性は「三従四徳」によって、「賢妻良母」にならなければならない。

宗族と家族の気風は閨房から始まる、宗族の各家庭の男たちは必ず「三従四徳」の内容で妻を訓戒しなければならない。立ち居振る舞いは礼儀正しく従順であるのを良しとし、節約して生活させる。妻は舅と姑に孝行する。夫に礼義正しくする。夫の姉妹、夫の兄弟の妻たちと温和に付き合い、子女を慈む。家政を勤勉にする。生理を重視する。身なりを質素にする。悶着を引き起こさない。下女を虐めない。〔中略〕もし、夫が妻を教えなければ妻と夫を処罰する。[12]

(三)「従一而終，苦志貞守」（離婚せず、再婚せず、最後まで貞操を苦労して守る）。徽州績渓の『明経胡氏龍井派祠規』には次のように言う。

婦人の道義は結婚すると最後まで一人の夫と暮らし、終身変わらない、……節婦、孝婦、賢妻は、不幸にも夫が亡くなったら貞節を守り、舅と姑を世話し、三〇年以上の時間がたって死んだら、宗族が宗族の祠でその婦人のために祭祀を執り行いて、全族人を集め、文章で賞揚して栄光を与える。夫が亡くなるために殉死した婦人には同じ方法で表彰する以外に、また、宗族はその烈婦に政府の「旌表」の牌坊を申請して、貞節牌坊でその烈婦の貞節を表彰する。

(四)　処罰

徽州地域の各宗族は皆本宗族の「祠」を造った（写真6）。大規模な祠は宗族の位牌を並べ族人

が祖先を祭る場であるほか、宗族の「公民会館」であった。すなわち「族規」（宗族内の規定）を宣教し、討論するところであり、また宗族の公判法廷であった。各宗族の「族規」は宗族内の女性に言行の規則を制定するほか、違反者に対する処罰方法も制定した。とくに女性の不貞に対しての処罰は厳しかった。

例えば、徽州休寧県の宣仁王氏宗族『族規』の規定には次のようにいう。

夫も手におえない、頑固で悔い改めらない婦人に対して、軽い処罰としては、公衆の面前で彼女に恥をかかせる、重い罰としては祠で祖先の前に宗族の名簿から除名する、あるいは、別の宗族へ送り返す。祠で夫の訴訟を確認し、事実と一致すると、祖先の位牌前にその婦人の名前を宗族の名簿から除名する、証明書を宗族の名簿に貼り付ける……〔後略〕

徽州で宗族内の刑事案件と民事案件はまず本宗族で「族規」で処置する。解決できない案件は官に通報して、国家の「王法」を通して解決する。また、宗族の「族規」の内容は事前に地元の政府に報告して記録に載せて、「王法」の支持をもらう。「王法」と「族規」は共同で族民を支配するのである。

以上より各宗族からの貞節を束縛する力が強い様がうかがわれる。これもまた、徽州地域に貞節烈女と貞節牌坊が多く出た原因であろう。

おわりに

貞節牌坊の形態の変遷はその時代の社会倫理と支配者の経済状況に翻弄されてきた。

第一章で述べた貞節観の理論形成過程のように、宋代に「程朱礼学」が成立すると同時に、貞節の観念の強化と共に、貞節牌坊も王朝の貞節表彰の手段として中国の歴史舞台に登場し、最後の王朝清代の中期までの歴史期間に隆盛した、民国時代以後、西洋文明の浸透により、急激に消滅した。

徽州地域の貞節牌坊には徽州の地理的特徴、それに伴う歴史的発展と徽州人の生活現実の需要から貞節女性と貞節牌坊をその地域で集中的に現れた。

なお、貞節牌坊のほかに貞節女性を記録するものとして、徽州地方誌史には多くの貞節女性および烈婦烈女について記載されている。例えば『歙県誌・人物志』[13]に「烈女」部分は四巻あり、『重修婺源県志』全七〇巻にも「烈女」の部分は四巻あって全書の五分の一を占める。貞節牌坊に表彰された徽州の女性は貞節婦女中の一部分にすぎないのだ。

次章では論争を取り扱っている。

注

1　日本語訳は、竹内好訳「わたしの節烈観」（『魯迅文集・第三巻』筑摩書房、一九七七年）および松枝茂夫訳「わが節烈観」(『魯迅選集・第五巻』岩波書店、一九五六年)を参考にした。
2　羅剛、二〇〇二年、三九頁。
3　『明史・烈女伝序』、中華書局、一九八四年。
4　「専坊」とは「一人一坊」である、つまり、一つの牌坊で称えられる人は一人だけである、例えば、葉氏貞節牌坊は葉氏しか記念していない。
5　貞女は貞節を守る未婚の女性である、節婦は貞節を守る既婚女性である、烈女は貞節の為に亡くなった未婚の女性である、烈婦は貞節の為に亡くなった既婚女性である。
6　「総坊」は一つの牌坊で数人を表彰する合同牌坊である。
7　『同治戸部則例』一八七三年、「戸部」の提案書中に「如本家紳士捐建者，听其自便」(自家の宗族の紳士からの寄付がある人は、牌坊の建造は自家で決める)と書いてある。
8　「貞」「節」「烈」「孝」は中国の貞節牌坊によく見られる漢字である。「貞」は女性の貞操であるが、貞節牌坊に「貞」は貞操を守る人格の意味である。「節」は元々竹の節であるが、女性が貞操為に竹の節と同じで曲がらない精神を指す、「烈」は貞操を守る為に命を捨てる精神。「孝」は親孝行する。
9　「旌表」の意味は、第二章第一節を参照。
「呉廷燐」は女性の主人の名前、「妻」は妻、「孫氏」は孫の家の女、孫は牌坊の女性の父の家族の姓である、「貞節」は貞操を守る節(品行)である。
10　前掲　注2、一三九頁〜一四〇頁。
11　趙華富、三七一頁。
12　『潭渡孝里黄氏の族譜』巻四『潭渡孝里黄氏家訓・教養』、一七三一年。
13　『光緒重修安徽通志』巻三四四、乾隆四五年(一七八〇年)11巻『歙県志』巻7『人物志』。

第七章　歴史上の貞節に関する論争

はじめに

本章の目的は、中国史上の貞節及び節婦烈女に関する主な論争の考察を通じて、貞節と節婦烈女に関する認識を検討し、一層明確にすることである。

清初の文人の貞節観に関する研究として、合山究の「弐臣の節烈観と節婦烈女の伝記にあらわれた男性批判」（二〇〇四）がある。また近代の知識人の貞節観に関する研究として、特に周作人及び彼の訳した与謝野晶子の「貞操論」に注目した李瑾『周作人と「貞操論」』（二〇〇四）等がある。本章では、これらの論文に基づき、もっと広い範囲での文人／知識人の貞節に関する言説を概観しておきたい。

第一節　明清時代の論争

貞節烈女が歴史の舞台に登場して以来、その人数は次第に増加し、明清時代にピークを迎えた。明代から貞節烈女に関する論争が起こるようになった。

明清時代の儒者たちのあいだには、「貞節」中の「貞女守節」に対して二つの主張があった。一つの主張は既婚の婦人が未亡人になってはじめて「守節」の義務があるというもの、もう一つの主張は未婚女性でも婚約していれば「守節」の義務がある、というものである。両者とも、「貞女守節」の行為が「合礼」であるか「非礼」であるかということに焦点を当てている。「合礼派」は「貞女守節」または「貞女殉節」、つまり未婚の「貞女」「烈女」の節烈行為が礼教の倫理に符合する行為であると主張するが、「非礼派」はその行為が礼教の教義に違反しており、逆に「不知礼儀」の淫乱と駆け落ち行為であると主張する。

これら両者のあいだで、それぞれの主張をかけて、数百年ものあいだ論争がおこなわれ、この参加者たちはみな当時の名儒者であった。董家遵はその論争双方の代表的な人物と観点を纏めており[1]、ここではそれを参照しながら「非礼派」の主要な観点を考察する。

「非礼派」を代表する人物は帰有光（一五〇六～一五七一）、毛奇齢（一六二三～一七一三）、汪中（一七四四～一七九三）、兪正燮（一七七五～一八四〇）などの儒者である。特に帰有光は明代の儒学大家で『震川集』『三呉水利録』などの著作があり、この論争を引き起こした人物である。彼は有名な「貞女論」において次のように言う。

一、「貞女守節」は礼教の婚姻礼儀に合わない

「六礼不具非礼也」（『貞女論』）、礼教の結婚礼儀には「納采」「問名」「納吉」「納徴」「請期」「親迎」の「六礼」段階がなく、夫婦ではないので「貞女の守節」「烈女の殉節」は「非礼」であり、貞女が婚約者の家に行って「守節」するならば駆け落ち行為となる。

二、「貞女守節」は「三従四徳」の教義に合わない

礼教では女性が結婚前に父に従うので、貞女なら未婚の夫に従って「守節」すると教義に合わない。「未成婦、則不系與夫」（『貞女論』、「婦」ではないので、未婚夫に従わない）、婚約者になにか「変故」があれば、女性は他人と結婚するのが当然な事である。

三、「貞女守節」は「陰陽相済」の規律に合わない

陰陽配偶、天地間の大儀である、天下に配偶がない生き物はない。終身結婚しないと陰陽不調をさせ、天地調和を傷つける。

帰有光のこの観点は「非礼派」の代表的な観点である、これは歴史上「貞女守節」に関する初めての観点であるので、その言論は少なからず社会に驚きを与えた。擁護者と反対者の人数が多くなり、双方は経典と儒家理論を引用して論戦した。反対者「合礼派」を代表する人物には朱珔（一七六九～一八五〇）、胡承珙（一七七六～一八三二）、方宗誠（一八二四～一八八八）、何秋濤（一八二四～一八六二）などの人物がいる。

この論争の双方はすべて儒者同士であり、「貞女」の「守節」の資格を焦点として論争が行われている。論争の参加者は少なく、内容の範囲も狭いとはいえ貞節歴史上始めての論争であり、貞節観と

貞節行為の衰退の前兆であったと言える。董氏は帰有光の「非礼派」の主張に賛同して、「当時の社会に有力な爆弾を投げた」[2]と評価した。この論争は以後の新文化運動期の貞節思想についての論戦の前奏であった。

第二節　五四新文化時期「貞節」に関する論争

一九世紀末～二〇世紀初頭に中国社会は激しい変化の時期に入った。一九一一年に辛亥革命が起こり、中国の何千年も続いた封建王朝社会制度は終結して、一九一二年に中華民国が成立した。

　一九一九年の五・四運動をきっかけに、学術思想界を中心として革新運動「新文化運動」が起こる。

　しかし、この社会情勢の激動する時代には、「復古主義」も台頭した。当時の中華民国の袁世凱政府は一九一四年三月、封建的礼教擁護を意図する「褒揚条例」を発布し、「貞操節烈にして、世を教化しうる」婦女に対して、扁額、題字、褒章などを与えると規定することにより、婦女の貞節を明確に奨励した。これは中国政府が「貞操観」を宣伝した最後の例である。これをきっかけに、一九二〇年代前後、いわゆる五四時期に至るまで、新聞雑誌には、しばしば「節婦」「烈女」を称揚する記事や詩文が掲載された。すなわち、貞節奨励の手段は貞節牌坊ではなく、新聞や雑誌などのメディアが主流となった。

「褒揚条例」をめぐるこうした状況の中で、新聞雑誌において貞節についての論争が起こった。今回の論争と批判は前回の継続であるが、前回と違って論争参加者は儒者だけではなく、社会各分野の知識人たちであり、論争内容も貞節とそれに関する儒家理論と社会思想システムに及んだ。前回の「非礼派」たちの議論は「不失為一種思想的覚醒和啓蒙」（一つの思想的な覚醒と啓蒙と言える）[3]であったのに対して、五四運動期間の貞節に対しての批判は西洋から流入した思想を反映している。

魯迅、周作人、陳独秀、胡適など時代を代表する知識人たちが執筆する『新青年』において、いわゆる「貞操論争」が起きた。[4]『新青年』の貞操論争は、直接には一九一八年五月、周作人が与謝野晶子「貞操論」の翻訳を発表したことに端を発する。この貞操論争については多くの先行研究にゆずり、本節ではその論争において注目したい貞節観を紹介しておく。

胡適の「貞操問題」（『新青年』第五巻第二号、一九一八年六月）で注目される主張は、貞節とは決して理にかなった道義ではなく討論すべき既成観念であるととらえたこと、貞節を表彰する法律に明確に反対したこと、この二点である。[5]『新青年』の次の号で、魯迅は「我之節烈観（私の節烈観）」（一九一八年七月）で次のように述べた。

節烈は苦しいか。答えはたいへん苦しいである。男性はみな苦しいことを知っているから表象しようとするのだ。…自分のことだけで他人のことをかえりみない民情と、加えて女には節を要求し男には多妻を許す社会が、このような奇形道徳をつくり、そのうえそれを日に日に精密、過酷なものにしあげていったのは、本来何ら不思議ではない。しかし、主張するのは男性であり、わなにかけられるのは女性である。[6]

魯迅はこのように、貞節が中国社会の大きな問題に根差していることを看過していた。続いて、女性は伝統的に服従を強いられ発言を封じられてきたために異議を唱えられないのだと述べる。婦女が伝統的に抵抗する言葉を持たなかったという魯迅の指摘は、女性の語りが封印されてきたことを暴く現代フェミニズムの論者に通じよう。[7] 女性はこの時期に至っても、貞節論争には不参加であった。

関連して、魯迅の牌坊に関する発言をまとめておきたい。魯迅が牌坊に言及したのは、管見の限りでは「補白（埋め草）」（一九二五年六月二六日『莽原』第一〇期）、「記談話（講演の記録）」（一九二六年八月二八日『語絲』第九四期）、「『公理』之所在（「公理」のありか）」（一九二七年一〇月二二日、『語絲』第一五四期）の三回である。いずれも直接的には、北京の中山公園に一九一八年に建てられた「公理戦勝」と刻んだ牌坊を指している。この牌坊は第一次世界大戦が終結したのち、戦勝国であった英仏が「公理が強権に勝利した」と記念碑を建てたことに倣い、戦勝国側に立っていた中国政府が建てたものである。[8] 当時、中国でも市民や学生が行進して歓喜したにもかかわらず、第一次世界大戦後のパリ講和会議で、中国はドイツの権益を日本が継ぐことを認めさせられた。それを魯迅は「実際は、それは負け戦だったのだ」（前掲「補白」）と称する。この三つの文の文脈と、魯迅が一九二〇年代末当時のいわゆる女師大論争において多用した「公理」[9]の意味から考察するに、「牌坊」は社会的に公認された道義を讃えて建てられたが、実際には民衆を圧迫する遺物、と解釈できよう。

新文化運動の中で議論された貞節観の見直しは、同様に提唱され議論をよんだ「思想解放」、「婦人解放」、「婚姻自由」などの主張と絡み合い、社会に非常に大きな影響を与えた。

第三節　一九四九年以降の政治宣伝と女性観――女性の解放と圧迫

中国儒家の伝統女性倫理及び貞節観は五四新文化運動によってに打ち壊され始めた。建国後一九四九年の共産党政権後の約三〇年間にわたり、これらは「封建社会の残余流毒」として、批判され続けた。

中国共産党政府はマルクスとエンゲルスの婦人解放学説を受けついで、次のような理論を強調している。[10] 即ち、人類が共有制社会にあった当時の男女の地位は平等であったが、私有財産制度が発生した後、婦人は被圧迫の地位に陥ってしまった。中国の婦女は長年にわたって封建的宗族制度の束縛を受けていたが、アヘン戦争以後、帝国主義者の侵略により尚更婦人に大きな災難をもたらした、というのである。そのために、中国の女性は帝国主義と封建主義を覆して「解放」を要求し、その目的を達成するために、反封建主義、反帝国主義の「プロレタリア階級革命運動」に参加するべきである、と共産党政府は主張した。レーニンは資本主義下では、人口の半数を占めている女性は二重の圧迫を受けていると認めている。[11] すなわち一つは資本の圧迫であり、もう一つは法律的に男子と平等な権利がないのみならず、家庭では「奴隷」の地位にあって細かい家事でおしつぶされていることからくる圧迫である。それ故に、婦人解放はまず男女の法律的平等をかち取り、「家庭の奴隷制から解放される」必要があるというのである。

一九四九年以降の中国では、毛沢東の主張は共産党政府の考えの一部であると言える。毛沢東は中国の女性を束縛する権力の「四つの縄」を提出した、つまり、「政権・夫権・族権・神権」である。また「中国の婦人は、非常に大きな人力資源であり、必ずこの資源を発掘しなければならない」、「時代は変わっている。男がやれることは女もやれる」とも述べている。こうして婦人が家庭から抜け出て、社会活動に従事するように動員を続けてきたのである。中国の宣伝機関が報道している新中国の婦人職業の類別の中で、最も多く増えているのは運搬婦、セメント工事婦、木材伐採婦であった[12]。政府は彼女らを励ますために、「鉄娘」、「鋼鉄婦人隊」「三・八紅旗手」、「先進生産者」などの称号を贈っている。これらの重労働は、強健な男子労働者だけが担当できるものであるにもかかわらず、婦人にもそれを要求し、しかも非常に劣悪な労働条件のもとで「成績をあげる」ことを求めているのである。いっぽう、家で「相夫教子（夫に協力し、子供を世話する）」の伝統型女性は社会から束縛された婦人の典型として社会から批判された。

レーニンと毛沢東は「革命事業」の指導者であり、国家政権を取得した後、彼たちの言論は「革命の真理」として宣伝され、実践され、「正確性」に対して誰も疑わなかった。武装闘争の手段で政権を取る時代、指導者の目的は婦人を利用・動員・組織し、すべての闘争と生産建設に参加させ、指導者自身の権力を強化拡大しようとすることにある。「プロレタリア階級専政」の政治システムの統治により、女性研究者、小説家、評論家及び政府所属の宣伝機関、メディアなどはすべて独裁政権党の観点が「偉大であり、正確である」として、政府・政党の主張と同調して、国民を教育し、社会に受けいれさせた結果、国民は無批判にこれらの理論を内面化していった。

上野千鶴子が、「社会主義革命は『プロレタリアの解放』を約束したが、革命のあとに達成されたのは、女性のエネルギーを利用しながら〔中略〕『プロレタリアの男の解放』にほかならなかった」と総括した通り[13]、一九四九年以降の中国女性には「解放」の面があるが新しい束縛も存在していた。

おわりに

本章で近現代の貞節に関する論争を、ごく簡単に概観した。

明清時代に貞節女性の人数は歴史的なピークの状態に入るが、それと同時に「貞女守節」に関する論争が始まった。論争には、主に「賛成派」と「反対派」の二種類の派閥があり、争点は、未婚女性の守節は儒家の倫理礼儀に符合するかどうかであったが、貞節と貞節行為に対して従来の考えと違う見方がすでに現れていた。それ以後、明清時代の資本主義の発達と西洋思想の導入と共に、封建社会を支える儒家の思想システムも全面的に否定されることになる。

五四新文化運動の時期には、魯迅、周作人、陳独秀、胡適など時代を代表する知識人たちが作る『新青年』において、いわゆる「貞操論争」が起きた。女性にばかり貞節を要求することを否定する傾向が主流ではあったものの、この近現代における論争においてもなお、女性の論者は不在であった。なおこの時期にも、貞節牌坊ではない牌坊が政府により建てられることもあったが、既にそれは過去の遺物として知識人の揶揄の対象となっていた。

五四時期を境に、貞節と貞節行為の理論への支持は失われ、貞節女性も次第に歴史の舞台から退場するが、貞節観の影響とその論争はまだ続くことになる。

特に一九四九年共産党政権成立以来、統治者たちは「土地改革」「三反五反」「文化大革命」「批林批孔」などの政治運動によって、政治的あるいは思想的に体制に批判的な知識人たちを失脚させ、あるいは粛清している。「無産階級専政」と言う独裁政権の高圧政策下において、研究者と教育者は権力者と同調し、封建時代の婦女生活の「圧迫」と悲惨さを強調することを通して「解放」後の「幸福な生活」を宣揚し、独裁政党の功績を示すしかなかった。政府は自身の利益に即して歴史を評価することを強いてきたのである。

以上の通り、建国以来の中国女性が解放されたとはいえない。では、封建時代の中国女性は圧迫されるばかりであったのだろうか。

序章でまとめた通り、「三従四徳」は一般に考えられているように、家族の男性に服従するという意味ではない。高彦頤は「三従」の規範は女性の個性又は人間の主観性を剥奪することがなく、当時の「三従」もその時代の女性の社会的身分を確定する一方法であり、女性の社会的身分と地位が家族の男性保護者によって決まるという意味であると解釈している。[14] 筆者も高彦頤の意見に賛同する。社会保険など保障システムがなく、生産力が低い農耕時代には、「三従」は必ずしも女性を圧迫するばかりの倫理規範ではなく、封建宗族社会環境に合った家庭の管理と女性を保護する一つの方法でもあったのではなかろうか。現在の中国の「養児防老」（老後の生活保護があるために男児を育てる）の観念も、やはり貧乏な農村地域で広く実践されている。「三従」理論もまた農業が主であった時代には女性の帰属先を保証し、同時に男性の扶養責任を明確にした。そのような人間関係はその時代の生産力の水準と農業の生産方式から生まれた結果である。「婦徳」「婦言」「婦容」「婦功」の「四徳」は古代の女性が社会に生存し立身するため、その時代の不可欠の美徳であったのではなかろうか。

余英時は「五四運動と中国伝統」[15]で次のように述べる。

「五四運動」は中国伝統文化秩序を打ち破り、五四以来、中国人は無数の新しい観念と外来の観念を使用したが、彼らに再建された文化秩序は、やはり伝統文化の構造を突破することが出来なかった。〔中略〕なぜ、中国の「封建」と「専制」は度々の「革命」を遭遇したが衰退していないのか〔中略〕これは本当に十分に反省の必要がある問題である。

余英時は続けて、このように中国の封建的な制度と専制が完全には滅びなかったのは、「伝統文化の構造」に合理的な面があったからではなかろうかと主張している。

儒家学説の一つの思想としての貞節観および女性観は、時代社会という背景に即した研究と解明が必要であるとともに、さらに活用の価値もあるかと思われる。

中国封建時代における社会的文化的性差、すなわちジェンダーは五四女性観に批判されたような「圧迫対被圧迫」という図式を持つ不平等な差異ではなかったと筆者は考える。シモーヌ・ド・ボーヴォワールは「人は女に生まれない、女になるのだ[16]」と語った。ボーヴォワールにとって、ジェンダーは「構築された」ものである。それに関して、ジュディス・バトラーは次のように述べた。

ジェンダーを構築されたものと見なす見方が示唆していることは、解剖学的に差異づけられた身体が、情け容赦のない文化の法をただただ受動的に受け入れて、そこにジェンダーの意味が決定的に刻まれるということである。ジェンダーを「構築」している適切な「文化」こそが、そのような法――一連の法――だと考えるなら、ジェンダーは、〈生物学は宿命だ〉という公式と同様に、決定され、固定されたものとなる。その場合に宿命となるのは、生物学ではなく、文化である。[17]

即ち、男女の社会性差異「ジェンダー」は文化の構築物であり、女は後天的な文化の刷り込みによって「女」になる。だから、第三章で述べたように、中国の貞節女性は中国の文化の刷り込みによって中国の伝統的な女性になるといえ、儒家、道家による中国伝統思想史の刷りこみによって、「中国女性史」が記されてきたといえる。

そのように構築されてきた三千年の中国女性史に対して、「被摧残（虐げられた）」女性史しかないと位置づけてきた「五四女性観」には、反省の余地があるのではなかろうか。

貞節女性を表彰する貞節牌坊及び貞節牌坊に表彰された貞節女性の事跡と貢献から虐げられた女性史と言うだけではいけないのか。

注

1　董家遵、一九三六年。
2　同1。
3　胡発貴、一五三頁～一七〇頁。
4　劉軍「『新青年』時代の周作人と日本：「貞操論」を中心に」『人文学研究所報』第37巻、三三頁～五三頁、二〇〇四年、神奈川大学。
5　劉軍、前掲、四六頁。
6　魯迅「私の節烈観」一九一八年、翻訳は丸尾常喜『魯迅「人」「鬼」の葛藤』岩波書店、一九九三年、二二二頁に拠った。
7　トリン・T・ミンハ　二〇〇二年。一一頁～三三頁。
8　『魯迅全集』第3巻、人民大学出版社、二〇〇七年、一一四頁注［1］。
9　公理の意味は、『魯迅全集』第4巻、相浦杲訳、学習研究社、一九八四年、p.131 訳注（一）①。女師大事件については多くの研究があるが、最近では陳漱渝「魯迅と女師大事件」（山内一恵訳、『野草』(71)、p.1-19、二〇〇三年、中国文芸研究会）等。
10　疏恵　一九八四、四頁。
11　疏恵　一九八四、六頁。
12　疏恵　一九八四、二七頁。
13　上野千鶴子、二〇〇二年、四頁。
14　Dorothy Ko、七頁～八頁、参照。
15　劉桂生、張歩洲編『台湾及海外五四研究論著擷要』、一九八九年、七八頁。

16　Simone de Beauvoir, The Second Sex, trans. E. M. Parshley (New York: Vintage 1973)（日本語訳シモーヌ・ド・ボーヴォワール『第二の性』、井上たか子・木村信子監訳、新潮社、一九九七年）

17　ジュディス・バトラー著、竹村和子訳、三〇頁〜三一頁。

終章　結論と今後の課題

「五四」新文化運動の進展は、儒家学説の従来の社会的地位を転覆させた。儒家学説の女性倫理思想、貞節観、貞節女性に対しての評価も急落し、批判の対象となった。社会思想の新旧交替の転換期において、西洋思想を受け入れた知識人たちは伝統儒学思想を否定し、中国の新しい思想の未来を開くという役割を果たしたと言える。しかし、社会思想の変化の過程に、伝統学説を全般的に否定するのは過激すぎるところもあった。

貞節牌坊、貞節観、貞節女性に関する本研究が取り上げた歴史的文献、貞節女性および貞節牌坊は、無論一部だけにとどまっている。しかしながら、本論文を通して、儒学思想における貞節観の形成とその進化のもと、貞節理論と実践を裏付ける貞節牌坊が存在することを跡付け、また表彰された貞節女性たちに関する限られた情報を解読し、貞節行為の歴史的地理的な要因をある程度明らかにすることができた。

本研究で明らかになったことを、最後に確認しておきたい。

第I部では、儒家の学説において貞節の理論と実践について考察した。

第一章では、貞節理論の登場、発展、退場の歴史的過程を考察した。先秦時代礼教と儒家学説は以降の貞節理論の基盤となった。漢代の「三従四徳」は中国における貞節観の初期形成を示している。宋代の理学は貞節理論を系統化し、この理論に沿って上流社会から徐々に貞節観が厳しくなっていった。二〇世紀初頭、貞節理論が歴史的舞台の主流思想の地位から後退するまで、その内容、進化と変遷を追った。

第二章では、まず、貞節理論が中国の社会各階層に実践された史実を中心にして考察した。先行研究に基づいて秦漢時代貞節観の萌芽期と魏晋南北朝の貞節観の寛容期についてまとめ、明清時代については国家による貞節旌表のプロセスを、資料に基づき明確にした。また、主要な女訓書について、特に貞節行為の実践指南書としての役割を検討した。これらの考察を通して、理論と実践の両方面から、中国における女性の貞節という社会規範の登場・発展・衰退の歴史的経緯を明らかにした。

中国貞節観は単純から複雑へ、寛容から厳格へ、理論から実践へ、社会の上層から民間へ、提唱から制度へ、奨励から強制へと漸次変遷していった。その長い過程で社会は貞節観を受け入れ、男女も自覚的に貞節意識を持って貞節行為を肯定するようになった。

第Ⅰ部で明らかにした貞節理論と実践の史実のうえに、「節婦烈女」という中国特有な貞節女性が現れ、それらの女性を表彰する建碑、即ち、伝統的な貞節観を直接に反映している「貞節牌坊」が現れてくる。

第Ⅱ部は、貞節牌坊の主人公たち、即ち、各節婦烈女の統計数量と貞節観の伝播ルート及び貞節女性の守節の原因を考察した。また、貞節女性に関する論争と貞節女性の権力についても検討した。

第三章では、まず、貞節観の伝播ルートの特徴を明らかにした、同時に貞節観の伝播過程において、社会各階層の女性がその観念を自主的に受け入れ、積極的に貞節理論に照らして実践するに至った原因を分析した。

第四章では、貞節と貞節烈女の定義と種類、歴代貞節女性の人数の統計を通じて、貞節女性の規模と量的な変化を明らかにした。その上で、歴代の貞節をめぐる論争双方観点を紹介し、徽州地域の貞節女性たちの権力を検討した。それらを通じて、貞節烈女を数という意味で視覚化するとともに、貞節以外の側面から貞節烈女像を掘り下げることを試みた。さらに、それらの女性たちの守節の原因を明らかにした。

第Ⅲ部では、牌坊と貞節牌坊の分析を行った。

第五章では、牌坊の歴史と機能および徽州地域の現存牌坊の数量、建設年代、所在地、分類などを明らかにした、また、徽州地域社会の特徴をまとめ、貞節牌坊を含んでいる各種類の牌坊はその地域に多く分布する原因を分析した。

第六章では、徽州地域の貞節牌坊について筆者が行った現地調査に基づき、貞節牌坊の変遷、徽州地域の貞節牌坊の数量、時代的な分布と特徴を分析し、貞節牌坊は徽州で興隆の原因を明らかにした。また、代表的な貞節牌坊に表彰される女性の事跡を明確にして、女性の貞節行為を考察した。同時に、貞節牌坊の数と貞節牌坊の共通点、相異点を明確にした。

徽州地域で貞節牌坊が特に多いのは、この地域特有の地形、文化を背景としている。徽州地域は山地に位置し、歴代の戦争は波及せず、安全な地域であったため多くの人々が中原から移住した。明清時代にはすでに徽州地域の人口密度は高かったことが分かっている。田地が少ないこの地域で彼らが生活を維持するためには、出稼ぎに行くことが唯一の選択であった。徽州出身の商人すなわち「徽商」は、山西省の「晋商」と並び称され、塩業、運輸業、国際貿易などを牛耳り、巨額の財産を蓄積した。徽州の男性は十代から出稼ぎにいくのが常であり、その前に結婚または婚約し、出稼ぎに行ったまま五年、一〇年と妻と会えない者も多かった。このような夫妻生活が、徽州地域で貞節が強調されるようになった原因であると考えられる。実際、地域の倫理を直接規定する宗族の「族規」では、女性の貞節を細かく制約している。いっぽうで、徽商のもたらす財は、徽州地域の男性たちにとって貞節牌坊を建設する経済的基盤となった。

第七章では、明清時代、五四新文化運動時期の貞節に関する論争と建国後の「婦女解放」政策を考察した。伝統的貞節観の後退に注目しつつ、貞節観をめぐるそれらの論争と対立観点、特に一九四九年以降の女性解放観などの代表的な観点を考察した。

以上のように、第Ⅲ部は第Ⅰ部の文献調査と第Ⅱ部の分析の結果を踏まえて、貞節観と貞節牌坊の歴史と現状、機能と価値などを検討した。

本研究の考察結果を踏まえて、貞節牌坊と貞節女性の貞節行為から現れた貞節観を以下のようにまとめることができよう

まず、貞節観は儒学思想が宣揚する伝統的道徳の重要な構成部分として、封建社会時代に存在し、持久性と根強い影響力を示した。

また、貞節観には社会を管理する機能があった。貞節観は儒学文明の一環として、一貫して、人の行為、特に女性の本能と行為を抑圧し、伝統社会の男女関係を規定することによって、封建社会の秩

序を維持し、社会を管理する機能を発揮してきた。この貞節倫理は、時代時代の社会の現実に従って、ある程度の弾性を持っていたことを、本論では明らかにした。すなわち、貞節倫理には抑圧性と柔軟性との両面があったのである。その柔軟性は、徽州の女性自身が主動的――時代社会的な制約を内面化した上での自己選択が主動的といえるとすれば――に貞節観を受け入れ、積極的に実践していた過程に見いだすことができる。

「社会環境思想」は建築の特徴を形成する一つの要素である。[1] 建築活動は道徳観念の制約を受けている。[2] 牌坊はその建てられた時代を支配していた道徳観念の反映であり、貞節牌坊は貞節観に支配された女性の貞節行為の歴史的資料であると言える。

男女関係の規範化、家族制度の安定と社会秩序の調和などへの貢献という点では、封建社会における貞節観には、“積極的”な役割があったと言えよう。但し、「文明は、その進歩の代償として罪悪感を高め、それによって人間は幸福を失う」[3] とマルクーゼが述べたように、貞節道徳を遵守する貞節女性たちは、貞節牌坊を建てられることによって当時の最高の栄誉を得たが、ある種の、例えば性愛の快楽を失うという代償を払った。

今後の課題として、貞節牌坊の存在意義をさらに追究するために、まず現地調査としては中国各地に散在する牌坊について調べ、地域による形状、建築年代の違い、貞節行為の事跡と要因の違いについて、それぞれ考察する必要がある。また理論面でもより有効な理論を模索しつつ、儒学の貞節観についてもより多くの資料を跋渉して理解を深め、現地調査の分析を合わせて総合的な歴史的実証研究を続けていきたい。加えて、今回は扱えなかった烈女の動機と行為もまた、興味深い課題として考察範囲に入れたいと考えている。

注

1　梁思成、二〇〇五年、三頁。
原文：建築顕著特征之所以形成有両要素：有属于実物結構技術上之取法及發展者，有縁於環境思想之趨向者。

2　前掲　注1、一三頁。

3　H・マルクーゼ（Herbert Marcuse）著、南博訳、一九六五年七月、六八頁。Civilization and Its Discontents（London: Hogarthpress, 1949），一一三頁　参考。

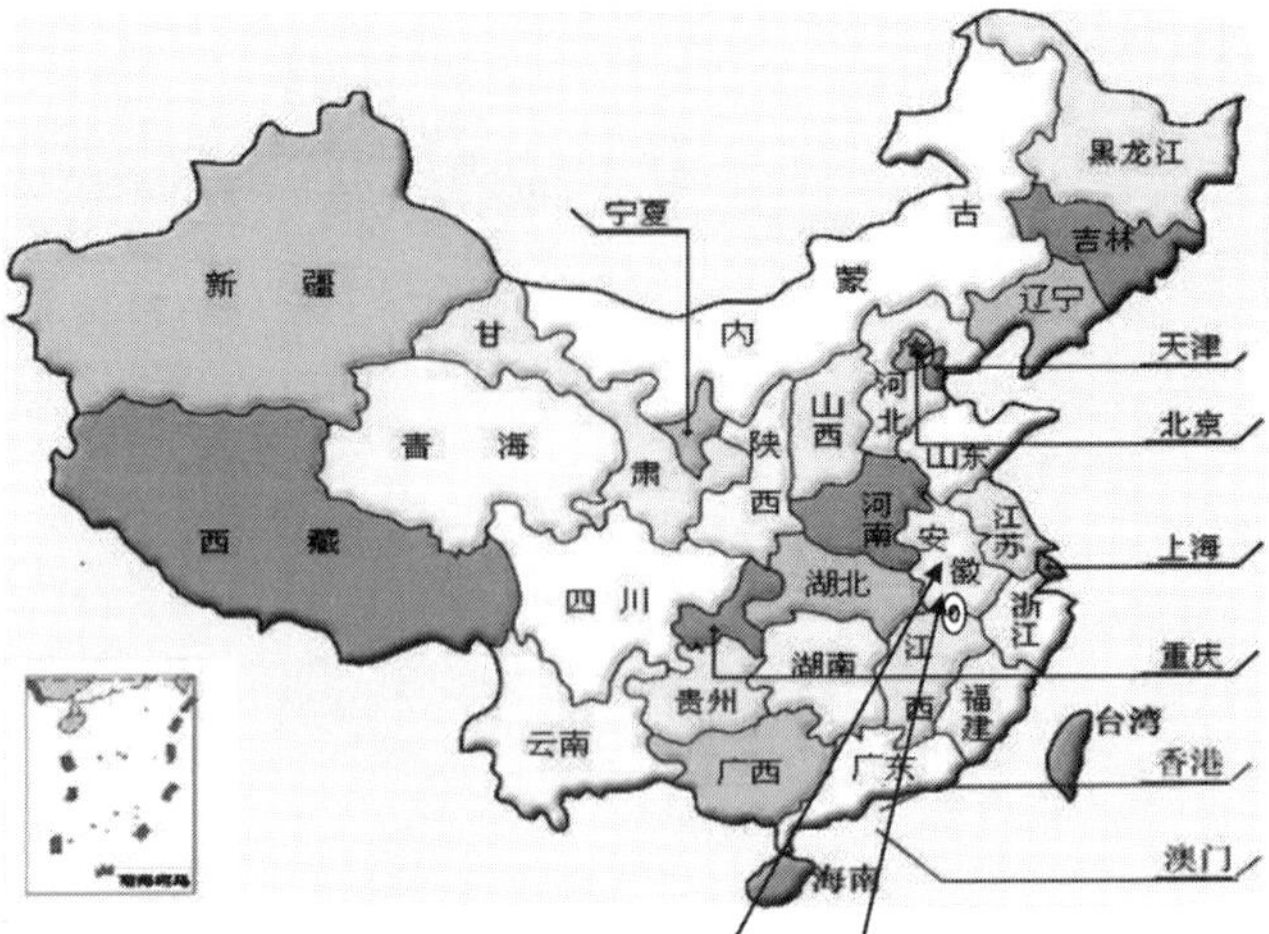

付録一：中国全土行政図

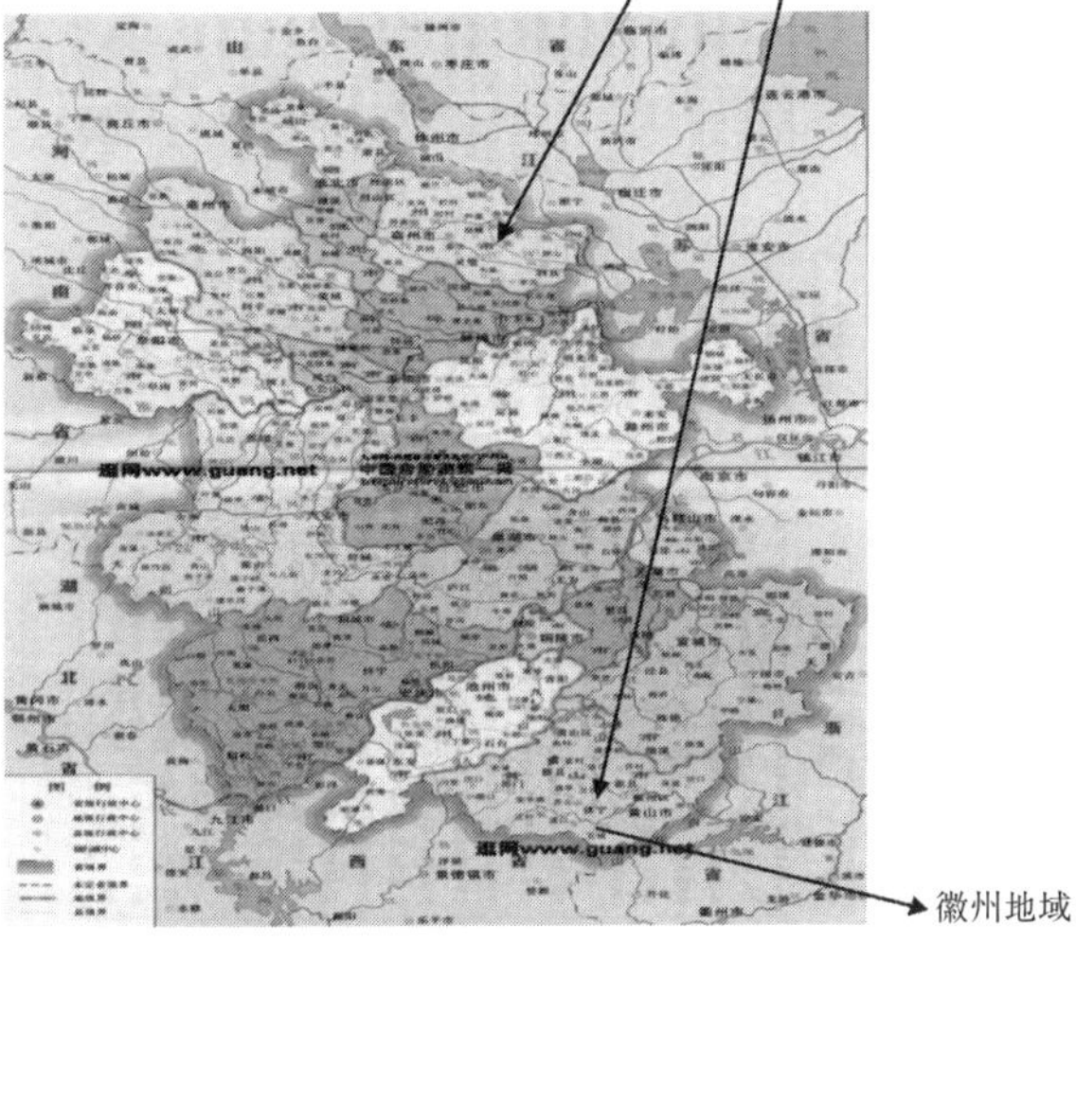

付録二：現在の安徽省地図（www.guang.net）

付録三：古徽州府所属一府六県の地理範囲

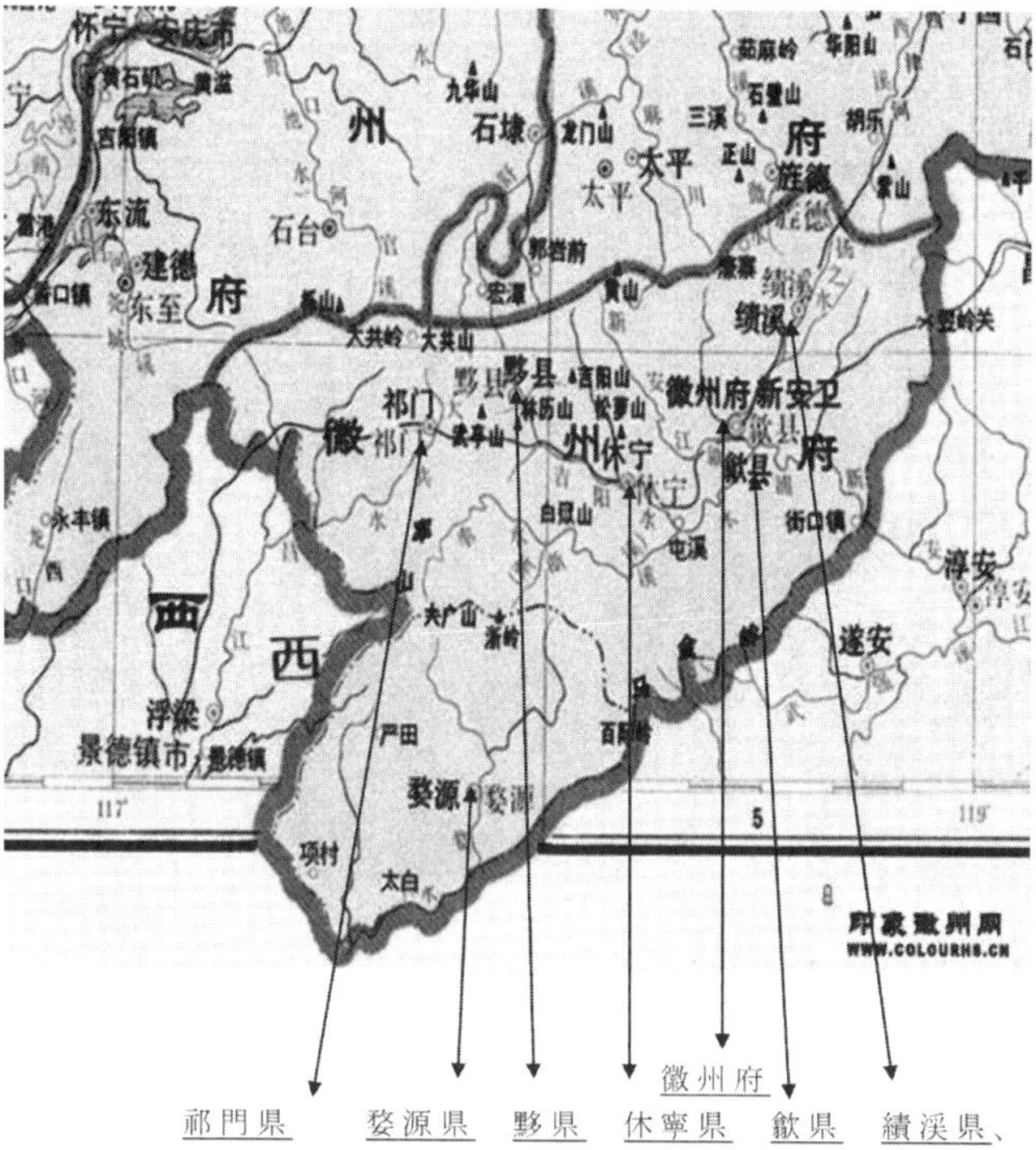

説明：現在、「徽州府」という行政区画はない、上の地図は古徽州の地理範囲である。即ち、現在安徽省黄山市に属する歙県、黟県、祁門県、休寧県、現在安徽省宣城市に属する績渓県、そして現在江西省に属する婺源県の六県である。上図は現在の地図に古徽州の範囲と昔の「徽州府」府名と県名を表記したものである。
出所：　http://image.baidu.com から検索した原図をもとに筆者が作成。

付録四：一五〇二年の古徽州地図

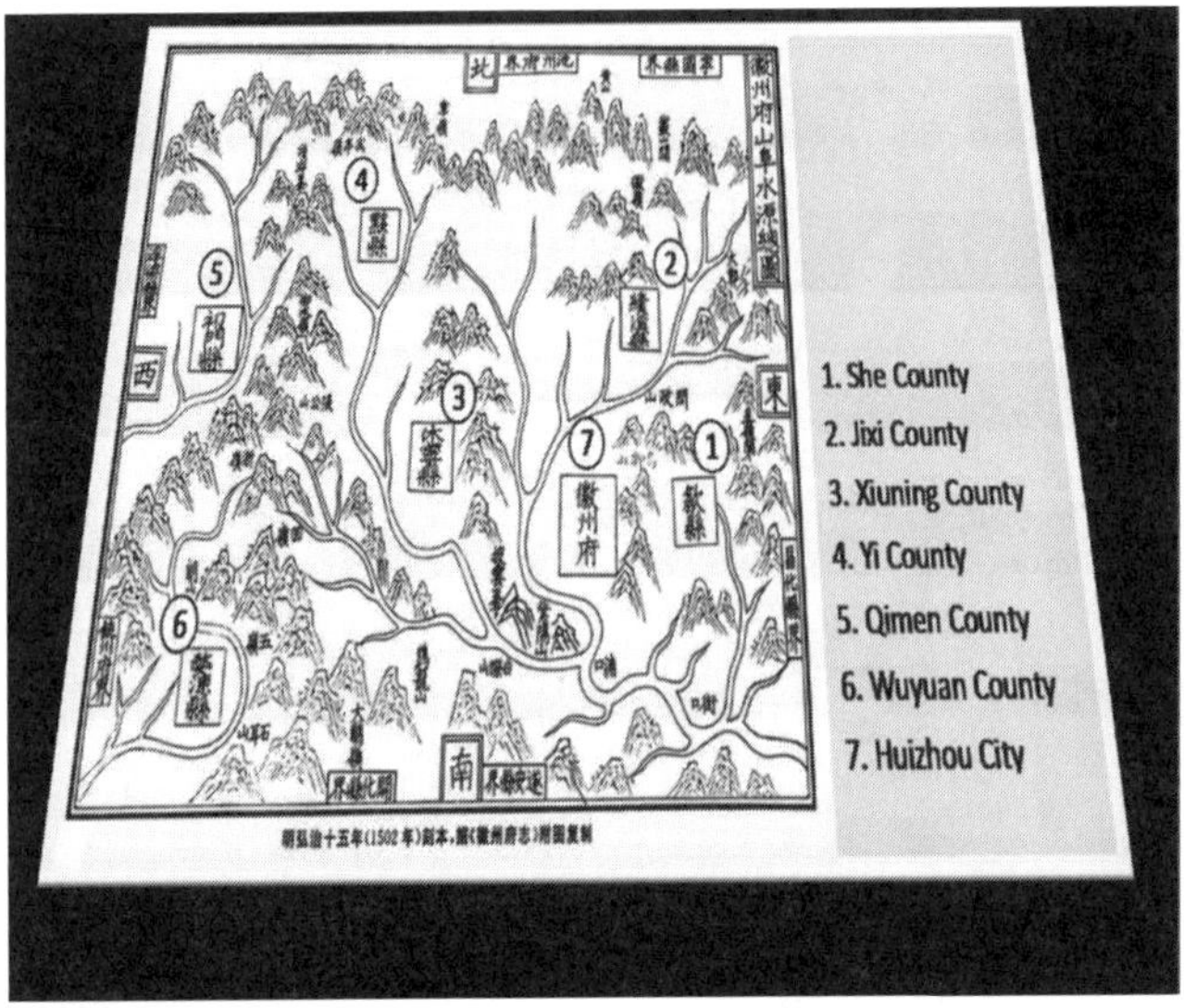

（明弘治 15 年〔1502 年〕の『徽州府治』の挿絵をもとに作成）
（陳濤、魏則能 共作）

出所：
Tao, Chen and Wei,Zeneng.（2010）“ Preliminary Study on Memorial Archways in Ancient Huizhou of China”. Advanced Materials Research Vols. 133-134 , pp 1179-1184.
©（*2010*）*TransTechPublications,Switzerland 2010* 年 *10* 月 *doi:10.4028/www.scientific.net/AMR.133-134.1179* 参考。

付録五：徽州牌坊群の以前の所有者——棠越村鮑氏宗族長老インタビュー（抜粋）

以下は、二〇一一年七月一六日、筆者が安徽省徽州区の棠越村の鮑氏宗族32代目の長老、鮑樹民にインタビューした内容の抜粋である。

鮑樹民（一九二九年〜）略歴：一九四九年に華東軍政大学に入学、一九八三年に歙県博物館から定年退職、現在、徽学研究会会員、安徽省美術協会会員などを兼任、『牌坊里的故事』（一九九九年）、『坊林集』（二〇〇八年）、『徽州明清民居彫刻』（共作、二〇〇一年）などを著述した。

鮑氏家族長老鮑樹民インタビュー
場所：中国徽州棠樾村鮑樹民の家（鮑氏祖先の古屋の庭で）

1\. 魏：鮑氏家族とはどのような家族でしょうか？
鮑：始祖は敬叔という西周の高官で、領地は斎国の鮑城（現在の山東省歴城の東15キロところ）ので、「鮑」の苗字を賜ったそうです。三国時代以降の晋代に祖先鮑弘は新安（現在の徽州）の大守の職で現在の徽州に移住しました。それから本族から王朝高官と大商人がよく出たので、民国時代まで本族は中国江南の豪族として有名になりました。現在でも地元の重要な名家です。

2\. 魏：鮑氏の子孫はどこで暮らしているのでしょうか

鮑：徽州に多いですが安徽省、隣の浙江省、上海市、山東省などの各地にも多いです。またアメリカ、日本、東南アジア諸国に暮らしている族人も多いです。年に一回の鮑氏族人大会に世界各地からの鮑氏族人を集まって、いろいろ話し合うのが楽しみです。今年［二〇一一年］一〇月の鮑氏族人大会は歙県で行います。今までの参加の申込者はやく五〇〇人に上っています。

3\. 魏：村の外の牌坊は鮑氏家族のものでしょうか？

鮑：はい、家の牌坊ですが、現在では、国の物になりました。村の入口ところに立っている七基の牌坊、男祠、女祠およびそれぞれを繋がる石畳はすべて家の物でした。以前（二〇世紀六〇年代以前）、棠樾村の中に鮑氏の功名牌坊三基がありましたが、残念ながら打ち壊され、なくなってしまいました。

4\. 魏：鮑氏家族の節婦烈女は何人であったのでしょうか？

鮑：たくさんいましたよ。でも民国の地方誌『民国歙志』に記載されている本族の節婦烈女は五九人しかいないのです。その中で二人の貞節女性は貞節牌坊をもらいました。村の入り口のところの「立節完孤」と「命存一線」という貞節牌坊の女性です。

5. 魏：鮑氏の貞節女性たちはどんな人物でしょうか？　彼女たちにはどのような事跡があるでしょうか

鮑：みんな節を守り、勤勉な人です。いろいろな事跡がありました。寡婦は一人で子供を扶養し教育し、同時に生活を維持するために農作やお茶の販売など何でも一生懸命に頑張りました。特に皆、品行もいいし、地元の人々に尊敬される婦人でした。

6. 魏：ご家族の節婦烈女に対してどのように評価していますか。

鮑：いい女性ですよ、彼女たちは我が族の栄誉です。でも、文化大革命時代にこんなことを言ったら違法なので危なかったよ、現在は大丈夫です。家も付近の村民たちもいつも女性の貞節品行を光栄な行為として誇っています。鮑氏家族の繁栄は本族の女性からの協力がなければありえませんでした。彼女たちは本族の永続と事業の成功および地域社会に多大な貢献をしました、これも女性を記念する専用の「女祠」が建てられた要因です。

7. 魏：娘さんも節婦になってほしいと思いますか？

鮑：いいえ、時代は変わりました、現代の女性は強いので貞節女性になれない。もちろん、社会環境は以前と違いますので、現在の女性は昔の貞節女性のような婦人になることができない。でも、以前の貞節女性の精神とよい品行などを継承するのは、やはり価値があるでしょう。

8. 魏：以前の貞節女性は苦しかったですか

鮑：いいえ。現在の立場から考えば不幸な女性ですが、当時、貞節女性の考えは我々の現在人と違うでしょう、当時、彼女たちはたいして苦しくなかったと思います

9. 魏：現在の生活はどうですか

鮑：前よりよくなっています。観光地になったので観光客に牌坊を見にきて頂いて、我々も収入があり、特に、祖先の功績を人に見せて、我が祖先の優良な品行を人々に伝えたり、現在の人に影響を与えることができれば私は嬉しいです。

（以上はインタビューの主要な内容である。鮑長老の快い協力に対し、ここに感謝致します。）

付録六：徽州貞節牌坊碑文と所在地一覧表（筆者作成）

順番	建造年代	牌坊の名 高さ×幅×深さ	表面での主要な中国語の碑文	訳文	所在地
1	一三六八／一三七八	葉氏木門坊 6×4.3	旌表江莱浦妻葉氏貞節之門	江莱浦の妻葉氏の貞節を奨励する門	歙県徽城闘山街13号
2	一五三二／一五六六	節婦坊 10×9	旌表故儒許保妻章氏	許保の妻章氏を表彰する	績渓県家朋村南側
3	一六二六年	鮑氏節孝坊 10×4.4	旌表許立徳妻氏貞節	許立徳の妻鮑氏を表彰する	歙県徽城城内
以上の三基は明代の貞節牌坊である					
4	清代（雍正年间）	古林牌坊 ?×9	旌表黄樟妻程氏孝節	黄樟の妻程氏の節孝を表奨する	休寧県五城鎮古林村
5	一六五〇年	黄氏孝烈門坊 7.5×6.4	旌表故儒童呉沛妻黄氏節烈	故呉沛様の妻黄氏の烈を表彰する	歙県徽城闘山街
6	一六六八年	胡氏節孝坊 12.95×10.4	旌表故肖邦永妻胡氏節孝	故肖邦永の妻胡氏の節烈を表彰する	歙県琳村東

7	一六六八年	陳氏貞節坊 12.95×10.4	旌張法孔妻陳氏貞節坊	故肖邦永の妻胡氏節烈を表彰する	歙県柔川村外嶺の道
8	一六八五年	姚氏貞節坊 8×3.7	旌表故儒呉永介妻姚氏	故呉永介先生の妻姚氏を表彰する	歙県昌渓村西
9	一七〇七年	宝婺中天坊	峻節綸首宝婺中天	貞節倫理を守る人の模範、天上の宝王	歙県王村鎮小渓村北
10	一七二七年	蒋氏節孝坊 6×7	旌表徐廷鯉妻蒋氏節孝	徐廷鯉の妻蒋氏の節孝を表彰する	歙県富葛鎮徐村下街
11	一七二九年	黄氏節孝坊	旌表故儒鮑望錫妻黄氏節孝	故鮑望錫の妻黄氏の節孝を表彰する	歙県新管村
12	一七三〇年	伍城石坊 10×12	旌表黄鑑妻朱氏節孝	黄鑑妻朱氏の節孝を表彰する	休寧県伍城鎮
13	一七三四年	呉家節孝坊	碑文破損		徽州区下長林村東
14	一七四一年	呉家貞節坊 7×3.9	旌表洪宪詔妻呉氏貞節	洪憲詔妻呉氏の貞節を表彰する	徽州区南頭村口

15	一七四三年	項氏貞節坊	張大曾妻項氏貞節坊	張大曾妻項氏の貞節牌坊	歙県柔川村外嶺の道
16	一七四六年	含貞蘊粋坊 6.6×9.4	旌表呉廷燐妻孫氏貞節	呉廷燐の妻の孫氏の貞節を讃する	歙県城内北大街
17	一七五〇年	呉氏節孝坊	碑文破損		歙県稠墅村
18	一七五八年	富渓節孝坊 14×12	皇清旌表告表贈中宪大夫江以宝妻　誥封恭人程氏節孝之坊	清皇帝が大夫江以宝の故妻恭人　程氏の孝節を讃する牌坊	休宁県鱼村乡富溪村
19	一七六二年	仇氏貞節坊 7×3.5	旌表故民鮑正松妻仇氏貞節	鮑正松の妻の仇氏の貞節を讃する	歙県富葛鎮高金東村
20	一七六二年	汪氏節孝坊 11×8	旌表葉熙鼎継妻汪氏節孝	葉熙鼎の後妻汪氏の節孝を表彰する	歙県許村鎮蘭田村口
21	一七六四年	許氏節孝門坊 7×4	旌表汪錫琳妻許氏節孝	汪錫琳の妻汪氏の節孝を表彰する	歙県富葛鎮大理村
22	一七六七年	呉氏節孝坊 サイズ無し	旌表鮑文渊之継妻告封恭人呉氏節孝	鮑文渊の後妻汪氏の節孝を表彰する	歙県棠樾村

23	一七七四年	汪氏節孝坊	碑文破損		歙県稠墅村
24	一七七六年	汪氏節孝坊 11×8.75	旌表故民鮑文齢妻汪氏節孝	鮑文齢の妻汪氏の節孝を表彰する	歙県棠樾村
25	一七八一年	黄氏節孝門坊 7.1×4.66	旌表鄭妻黄氏節孝	鄭氏の妻黄氏節孝を表彰する	歙県鄭村
26	一七九二年	屯田汪氏節孝坊 8×4.7	碑文破損		歙県屯田村村口
27	一七九六年	汪氏貞節坊 11×8.5	旌表程秉鍔妻汪氏貞節	程秉鍔の妻汪氏貞節を表彰する	歙県鄭村鎮牌辺村
28	一八〇四年	王氏節孝坊 サイズ無し	旌表故儒章世済妻王氏節孝	故人章世済様の妻王氏孝節を表彰する	歙県徽杭航公路北
29	一八一四年	彤史垂芳坊 5.5×4	表故儒童許可几の妻程氏節孝	故儒童許可几の妻程氏節孝を表彰する	歙県許村鎮東沙村南
30	一八一六年	呉氏節孝坊 7×5.2	旌表故儒洪朴妻呉氏節孝	故洪朴の妻呉氏程氏節孝表彰する	徽州区洪坑村
31	一八二二年	呉氏節孝坊 8×4.9	旌表故民張大莫之継妻呉氏節孝	故張大莫の後妻呉氏節孝を表彰する	歙県深度鎮

32	一八四四年	悟竺源石坊	旌表汪迁輝妻呉氏節孝	汪迁輝の妻呉氏節孝を表彰する	徽州区西溪南悟竺源村
33	一八五一年	洪氏節孝坊	碑文破損		徽州区柔川村
34	一八五二年	徐氏貞節坊 7.5×4.3	雪陰貞松	雪のような高潔、松のような貞節	歙県城慈姑村
35	一八六二—一八七四	竹溪三石坊 3.5×6	碑文破損		歙県西村
36	清の末期	方氏節孝坊 9×4.4	旌表故儒士胡成相妻方氏節孝	故胡成相の妻方氏節孝を讃する	積渓県城内北
37	清の末期	程氏節孝坊 9×4.4	旌表故儒胡洪炬妻程氏節孝	故胡洪炬の妻程氏の節孝を讃する	積渓県城内北
38	清の末期	孝廉門坊 9×4	旌表孝廉童瑞鐘の妻程氏	親孝行の瑞鐘の妻程氏を讃する	積渓県城内
39	一九〇五年	貞孝節烈煉瓦坊 6.6×6.46×0.65	旌表府属貞孝節烈婦六万五千零七十八口	徽州府に在住の貞節婦人、烈節婦人、孝節婦人六五〇七八人を表彰する	歙県城新南街

主要な参考文献

1. 日本語参考文献（五十音順）

赤塚忠『中国文化叢書3　思想史』、大修館書店、一九六七年
阿莉塔『周作人と与謝野晶子：両者の貞操論をめぐって』、二〇〇二年
http://ci.nii.ac.jp/naid/120000988222
ジェフリー・ウィークス著、上野千鶴子監訳、『セクシュアリティ』河出書房新社、一九九六年四月
上野千鶴子『家父長制と資本制』、岩波書店、一九九〇年
上田信「地域と宗族：浙江省山間部」『東洋文化研究紀要』94、（一九八四年三月）：一一五頁～一六〇頁
臼井佐知子『徽州商人の研究』、汲古書院、二〇〇五年
ゲスト・エスピアンｰアンデルセン著、渡辺雅男、渡辺景子訳『ポスト工業の社会的基礎』桜井書店、二〇〇三年六月
F・エンゲルス著、戸部四郎訳『家族・私有財産・国家の原理』、岩波文庫、一九六五年
江守五夫『母権と父権』、弘文堂、一九七三年
大塚博久『清朝の婦人同情論』、山口大学教育部・研究論叢、十八巻、第一部、一九六九年
小野和子『中国女性史：太平天国から現代まで』、平凡社、一九七八年

関西中国女性史研究会編『ジェンダーから見た中国の家と女』、東方書店、二〇〇四年
関西中国女性史研究会編『中国女性史入門：女たちの今と昔』、人文書店、二〇〇五年
瞿同祖著、小竹武夫訳『中国封建社会』下巻、株式会社、生活社、一九四二年六月
キャロル・ギリガン著、生田久美子・並木美智子訳『もうひとつの声』、川島書店、一九八六年
合山究『貳臣の節烈観と節婦烈女の伝記にあらわれた男性批判』、『比較社会文化：九州大学大学院比較社会文化研究科紀要』10、二〇〇四年
下見隆雄『劉向「列女傳」より見る儒教社会と母性原理』、『広島大学文学紀要』50（一九九一年三月）：1-21
疏蕙『中共統治下の大陸婦人』、世界反共連盟中華民国分会とアジア人民反共連盟中華民国総会刊行、一九八四年
戴季陶著、市川宏訳、竹内好解説、『日本論』株式会社社会思想社、一九七二年
高群逸枝『女性の歴史』（二）、理論社、一九六六年
陳独秀、胡適、魯迅『中国の思想的危機』、丸山松幸、陳正醍訳、一九八九年
陳青鳳「旌表制度について――節婦・烈女を中心に」『九州大学東洋史論集』、第16号、一九八八年
張　軼欧「『三言』に見られる馮夢龍の思想における両面性：『三言』における女性の「貞節」を中心に」『大阪産業大学人間環境論集』4、33-52頁　二〇〇五年
中華全国婦女連合会編著、中国女性史研究会訳『中国女性運動史　1919-1949』、論創社、一九九五年
中国女性史研究会編（二〇〇四）『中国女性の一〇〇年：史料にみる歩み』、青木書店

中国女性研究会編『中国女性史研究』第二十号、二〇一一年二月
張競『近代中国と「恋愛」の発見』、岩波書店、一九九五年
寺田隆信『山西商人の研究』、東洋史研究会、一九七二年一一月
中島楽章『明代徽州郷村社会における紛争処理と秩序―徽州文書を史料として』、二〇〇二年
ジュディス・バトラー『ジェンダー・トラブル フェミニズムとアイデンティティの攪乱』、竹村和子訳、青土社、一九九九年
藤井宏『新安商人の研究』(『東洋学報』第36巻1－4号、一九五三年
シモーヌ・ド・ボーヴォワール著、井上たか子・木村信子監訳『第二の性』、新潮社、一九九七年
フロイト著、高橋義孝他訳『フロイト著作集 第三巻 文化・芸術論』、人文書院、一九七六年七月
ミシェル・フーコー著 渡辺守章訳『性の歴史I 知への意志』、新潮社、一九八六年
H・マルクーゼ(Herbert Marcuse)著、南博訳『エロス的文明』、紀伊国屋書店、一九六五年七月
森正夫『明末の社会関係における秩序の変動について』、名古屋大学文学部三十週年記念論集、一九七九年
山川麗『中国女性史』、笠間書院、一九七七年八月
山崎純一『教育から見た中国女性史資料の研究』、東京明治書院、一九八六年
矢沢利彦『西洋人の見た十六―十八世紀の中国女性』、東京東方書店、一九九〇年
熊遠報『清代徽州地域社会史研究:境界・集団・ネットワークと社会秩序』、汲古書院、二〇〇三年
湯田豊『フロイト「文明とその不満」を読む』、北樹出版、一九九四年一二月

与謝野晶子「貞操は道徳以上に尊貴である」、第三評論集『人及び女として』、一九一六年
李瑾「周作人と「貞操論」」(二〇〇四)『中京学院大学経営学会　研究紀要』第11巻第2号二〇〇四年三月)
劉達臨著、鈴木博訳『中国性愛文化』、青土社、二〇〇三年
劉軍「『新青年』時代の周作人と日本:「貞操論」を中心に」『人文学研究所報』第37巻、三三頁〜五三頁　二〇〇四年、神奈川大学
魯迅著、伊藤虎丸訳「私の節烈観」『魯迅全集1墳・熱風』、学習研究社、一九八四年
P・ローゼン著、馬場謙一、小松啓訳『フロイトの社会思想——政治・宗教・文明の精神分析——』、誠信書房、昭和六一年二月

2. 中国語参考文献(ピンインアルファベット字順)

愛德華・韦斯特馬克(Edward・westermarck)著、王亜南訳『人類婚姻史』、上海文芸出版社、一九八八年
安徽通志編輯委員会『安徽通志』1-20巻、成文出版社有限公司影印、一九三四年
安徽地方志叢書編委会『歙県志』、中華書局、一九九五年
安碧蓮『明代婦女貞節觀念的強化與實踐』、中國文化大學史學研究所博士論文、一九九五年
卞利『明清徽州社会研究』、安徽大学出版社、二〇〇四年
鲍樹民『牌坊群里的故事』、皖内部図書99-024号、一九九九年

鮑家麟『中国婦女史論集』、台湾稻香出版社、一九八八年
陳東原『中国婦女生活史』、台湾商務印書館、原上海商務印書館　一九二八年初版、一九七八年版
陳雇遠『中国婚姻史』、台湾商務印書館、原『中国文化叢書』、一九三六年初版
陳登原『国史旧闻』巻28、中華書局、二〇〇一年
陳独秀「敬告青年」『青年雑誌』第1巻第1号、一九一五年
陳少鋒『中国倫理学史』、北京大学出版社、一九九三年
程頤、程顥『二程集』、台湾漢京文化事業有限公司、一九八三年
曹大為『中国歴史貞節観念的変遷』中国史研究　第二期、中国社会科学院歴史研究所、一九九一年
蔡凌虹「従婦女守節看貞節観在中国的発展」『史学月刊』、一九九二年四期
董家遵「従漢到宋寡婦再嫁習俗考」、原発表于『文史学刊』、（中山大学、一九三四年）。現収于董家遵著、卞恩才整理的『中国古代婚姻史研究』、広東人民出版社、一九九五年
董家遵「明清学者関与婦女問題的論戦」、原发表于『现代史学』3-1、一九三六年、現收于董家遵著、卞恩才整理的『中国古代婚姻史研究』、広東人民出版社、一九九五年
董家遵「歴代婦女節烈的統計」原発表于『現代史学』3-2、一九三七年、現收于董家遵著、卞恩才整理的『中国古代婚姻史研究』、広東人民出版社、一九九五年
杜芳琴『女性観念的衍變』、河南人民出版社、一九八八年
杜芳琴『中國歴史中的婦女與性別』、天津人民出版社、二〇〇四年
杜学元『中国女子教育通史』、貴州教育出版社、一九九六年

戴偉『中国婚姻性愛史』、北京東方出版社、一九九二年
恩素曼（Susan Mann）著、定宜庄、顔宜葳訳『缀珍录－十八世紀及其前後的中国婦女』（原著名 Precious Records：Women in China's Long Eighteenth Century）、江蘇人民出版社、一九九七年
方鹿『程灝、程頤輿中国文化』、貴州人民出版社、一九九六年
馮驥才等『古風――中国古代建築芸術・老牌坊』、人民美術出版社、二〇〇三年
費絲言『由典範到規範――從明代貞節烈女的辨識與流傳看貞節觀念的嚴格化』、台灣大學歷史學研究所碩士論文、一九九七年。
馮建逵、楊令儀『中国建築設計参考資料図説』、天津大学出版社、二〇〇二年
傅衣凌「明代徽州商人」（『明清時代商人及商業資本』）、人民出版社、一九五六年
郭松義『倫理輿生活――清代的婚姻関係』、商務印刷館、二〇〇〇年
高彦頤『「空間」與「家」――論明末清初婦女的生活空間』『近代中國婦女史研究』第三期（08）、一九九五年
高彦頤『閨塾師―明末清初江南的才女文化』、江蘇人民出版社、二〇〇五年
高寿仙『徽州文化』、遼寧教育出版社、一九九八年六月
高世瑜『中国古代婦女生活』、商務印書館、一九九六年
高世瑜「宋氏姐妹與女論語論析――兼及古代女教的平民化趨勢」『唐宋女性與社會』（上）、上海辭書出版社、二〇〇三年
教育部人文社会科学重点研究基地、安徽大学徽学研究中心徽学編　委編、『徽学』（二〇〇〇巻）、安

徽大学出版社、二〇〇一年六月
Havalock Ellis 著　潘光旦译（二〇〇〇）『性的道徳』、『潘光旦文集』第12巻、北京大学出版社
韓昌凱『北京的牌楼』、学苑出版社、二〇〇二年九月
黄嫣梨『女四書集注義証』商務印刷館（香港）有限公司、二〇〇八年
胡適『貞操問題』、『新青年』5巻1号、一九一八年
胡適「貞節問題」『胡适作品集』六「貞節問題」、台北遠流出版社、一九八六年
胡適、台北市績溪同郷会『績溪県志』、台湾成文出版社、一九六三年
胡発貴「清代貞節観念論述」『清史研究』第七輯、北京中国人民大学清史研究所、一九九〇年
黄盈盈、潘綏铭等主编（二〇〇六―二〇〇八）、中国人民大学社会学研究所『中国性研究』叢書、台湾万有出版社、二〇〇八年
晋元靠『徽州牌坊芸術』、安徽美術出版社、一九九三年
金其楨『中国牌坊』、重慶出版社、二〇〇二年
金其楨、崔素英『牌坊・中国』、上海大学出版社、二〇一〇年
魯迅「我的貞節観」、『新青年』、月刊第五巻第二号、一九一八年
魯迅『傷逝』、魯迅の小説集『彷徨』、人民文学出版社、一九七三年
劉東主編『海外中国研究叢書：女性系列』（12種類）、江蘇人民出版社、二〇〇五年
李小江『歴史、史学輿性別』、三聯出版社、二〇〇二年
李小江『夏娃的探索』、河南人民出版社、一九八八年

梁思成『中国古代建筑史』、百花文芸出版社年版、一九九八年
羅剛、晋元靠『徽州古牌坊』、遼寧人民出社、二〇〇二年
梁景和『近代中国陋俗文化嬗変研究』、首都师范大学出版社、二〇〇〇年
梁思成『中国建築史』、百花文芸出版社、二〇〇七年二月
劉桂生、張歩州編集『台湾及海外五四研究論著擷要』、教育出版社、一九八九年
劉達臨『中国古代性文化』、寧夏人民出版社、一九九三年
劉敦楨『劉敦楨全集第1巻』、北平中国営造学社彙刊、一九三三年四月、中国建築工出版社、二〇〇七年一〇月
李銀河文集二『国人的性愛與婚姻』、中国友誼出版会社、二〇〇二年
李銀河文集三『同性恋亜文化』、中国友誼出版会社、二〇〇二年
李银河編訳『酷儿理論：西方90年代性思潮』、北京時事出版社、二〇〇〇年
李琳琦「伝統文化與徽商心理変遷」、『学術月刊』、一九九〇年
柳立言「淺談宋代婦女的守節與再嫁」、『新史學』第2巻第2期、一九九一年
毛沢東「湖南農民運動考察報告」、一九二七年三月週刊『戦士』に初発表『毛沢東集』1、毛沢東文献資料研究会編、北望社、一九七二年
馬炳堅『中国古建築木作営造技術』、科学出版社、二〇〇五年
孟悦、戴錦華『浮出歴史地表』、河南人民出版社、一九八九年
潘綏銘『中国性革命縦論』、台湾万有出版社、二〇〇六年

潘綏銘『中国性革命成功的実証』、台湾万有出版社、二〇〇八年
孫希旦『禮記集解』巻五十八「昏義」、台北文史哲出版社、一九九〇年
宋子龍、晋元靠『徽州牌坊芸術』、安徽美術出版社、一九九三年
唐力行『徽州宗族社会』、安徽人民出版社、二〇〇五年
陶毅、明欣『中國婚姻家庭制度史』、北京東方出版社、一九九四年
万幼楠『牌坊・橋』、上海人民美術出版社、一九九六年五月
汪芬玲『中国婚姻史』、上海人民出版社、二〇〇一年
王振忠『徽州』生活・読書・新知三聯書店出版、一九九九年
王振忠『明清徽商與淮揚社会変遷』、生活・読書・新知、三聯書店、一九九六年
王七子、洪玉良『棠樾牌坊』、時代出版社、二〇〇二年
王鈺欣、周邵泉主编『徽州千年契約文書』、華山文芸出版社、一九九一年
夏暁紅『晩清文人婦女観』、作家出版社、一九九五年。
徐天嘯『神州女子新史』、(初版)上海神州図書局、一九一三年、(再版)台北食貨出版社、一九八八年
謝祥皓、劉宗賢『中国儒学』、四川人民出版社、一九九五年
薛氷、張錫昌『江南牌坊』、上海書店出版社、二〇〇四年
姚邦藻『徽州学概论』、中国社会科学出版社、二〇〇〇年
尹協理『宋明理学』、新華出版社、一九九二年
葉顕恩『明清徽州農村社会與佃仆制』、安徽人民出版社、一九八三年

張実龍『甬商、徽商、晋商文化比較研究』浙江大学出版社、二〇〇九年
張海鵬、王廷元主編、孫樹霖副主編『徽商研究』、安徽人民出社、一九九五年
張海鵬等『中国十大商邦』、黄山書社、一九九三年
張彬村『明清時期寡婦守節的風氣——理性選擇（rational choice）的問題』『新史学』、第10巻第2期、一九九九年
朱万曙、謝欣『徽商精神』、合肥工業大学出版社、二〇〇五年
張小平『徽州古祠堂』、遼寧人民出版社、二〇〇二年
趙文林、謝淑君『中国人口史』、人民出版社、一九八〇年
趙華富『徽州宗族研究』、安徽大学出版社、二〇〇四年一月
章義和、陳春雷『貞節史』、上海文芸出版社、一九九九年
中華全国婦女連合会婦女運動歴史研究室編、『五四時期婦女文選』、生活・読書・新知三聯出版社、一九八一年
周紹明（McDermott Joseph）「中国的家庭管家」（The Chinese Domestic Bursar）、『亜洲文化研究』（Asian Culturai Studies）、特別発行（一九九〇）：13-30
中華全国婦女連合会『中国女性運動史 1919-1949』中国女性史研究会訳、論創社、一九九五年
中国科学院歴史研究所整理、王鈺欣、周紹泉等編集『徽州千年契約文書』宋・元・明篇第一巻、北京花山文芸出版社、一九九一年三月

3. 歴史文献（年代順）

（漢）司馬遷『史記』、中華書局、一九五九年九月
（漢）班固『漢書』（唐の顔師古注釈）、中華書局、一九六二年
（漢）班昭『女誡』と和訳『女誡』、参考：山川麗『中国女性史』の付録文、笠間書院、一九七七年八月
（漢）劉向『列女傳』、上海商務印刷館、一九三六年
（唐）宋若莘『女論語』と和訳『女論語』、参考：山川麗『中国女性史』の付録文、笠間書院、一九七七年八月
（唐）魏徴『隋書』巻六十六「列伝第三十一」、中華書局、一九七三年
（宋）宋祁、欧陽修『新唐書』巻五十一「食貨二」、一九七六年
（北斉）魏収『魏書』、中華書局、一九七四年六月
（魏）範曄『後漢書』巻五「孝安帝紀」、中華書局、一九六五年
（梁）瀋約『宋書』本紀第八「明帝」、中華書局、一九七四年
（明）澎澤、汪舜民編集『弘治・黴州府志』、古書、一五〇二年
（明）申時行など『万暦大明会典』、江蘇広陵古籍刻印社、一九八九年
（明）汪氏編輯、仇英絵図『列女傳』、台湾中華書局、一九七一年
（明）帰有光『震川先生集』、上海古籍出版社、一九八一年
（清）張廷玉『明史』「烈女伝序」、中華書局、一九七四年

（清）馬歩蟾『徽州府志』第一巻、清道光七年（一八二七年）、台湾成文出版社影印
（清）呉坤、沈葆楨等『安徽通誌』、清光緒四年、一八七九年
（清）『同治戸部則例』、一八七三年、〈戸部〉
（清）『潭渡孝里黄氏の族譜』巻四『潭渡孝里黄氏家訓・教養』、一七三一年
（清）『光緒重修安徽通誌』巻344、乾隆四五年11巻『歙県志』巻7『人物誌』
（清）陳宏謀編『教女遺規』、台北徳志出版社、一九六一年
（清）王相『女四書集注』、（出版社なし）、墅野堂、一九七五年

（説明：以下の資料は名古屋大学中央図書館の蔵書である）

（清）（康熙三三年）蒋燦等編集『婺源県志』（一冊～五冊）、台湾文出版社有限公司、民国七四年三月（一九八五年三月）
（康熙三二年）寥騰煃等編集『休寧県志』（一冊～三冊）、台湾成文出版社有限公司、民国五九年一二月（一九七〇年一二月）
（康熙三八年）丁廷楗、趙吉士編集『徽州府志』（一冊～七冊）、台湾成文出版社有限公司、民国七四年三月（一九八五年三月）

（乾隆三六年）張佩芳編集『歙県志』（一冊～五冊）、台湾成文出版社有限公司、民国六四年（一九七五年）
（嘉慶一五年）清愷編集『績渓県志』、台湾成文出版社有限公司、民国七四年（一九八五年）
（嘉慶一七年）呉甸華、呉子珏編集『黟県志』（一冊～五冊）、台湾成文出版社有限公司、一九七二年三月
（道光七年）王讓等編集『祁門県志』（一冊～四冊）、台湾成文出版社有限公司、民国七四年三月（一九八五年三月）
（雍正三年〔一七二五年〕完成）蒋廷錫『古今図書集成』、「明倫彙編・閨媛典　閨烈部」（第四〇一冊～四二二冊）、「閨淑部、閨孝部」（第三九七冊）、「閨孝部、閨義部、閨烈部」（第三九八冊）、中華書局、中華民国三三年一〇月（一九四四年一〇月）
（唐、宋、元、明、清、歴代）中国社会科学院歴史研究所収蔵整理『徽州千年契約文書』（1巻～20巻）、北京花山文芸出版社、一九九一年三月

4. 英語文献

Tao, Chen and Wei,Zeneng.（2010）“Preliminary Study on Memorial Archways in Ancient Huizhou of China”. *Advanced Materials Research* Vols. 133-134 , pp 1179-1184.
©（2010）*TransTechPublications,Switzerland 2010年10月*
doi:10. 4028/www.scientific.net/AMR.133-134.1179

『中国儒教の貞操観』出版後記

桜美林大学北東アジア総合研究所　所長　川西重忠

魏則能氏の新著『中国儒教の貞操観』がいよいよ発刊となった。本書は魏則能氏の名古屋大学大学院の博士学位論文である。本論文作成の動機と経緯については、魏則能氏自身が「まえがき」に詳しく書いているのでここでは触れないが、生まれ故郷にある安徽省徽州の牌坊と彼の問題意識が結びついたユニークな学術論文となっている。

中国に関して、私たちは改革開放後の30数年の奇跡的な経済発展に目を奪われがちであるが、その背景にある中国の伝統文化と中国人の行動様式に対しては、年々関心の度合いが薄まりつつあるように思われる。実は、本当はこのような時だからこそ、私たちは中国の歴史と伝統観念とに立ち返って深く学ぶ必要があるのではなかろうか。

本書のタイトル『中国儒教の貞操観』は本書発行にあたってつけたもので、元の題は「儒学の貞節観と貞節牌坊」であった。本書は中国の貞節観に関する儒学上の論文と安徽省地域の牌坊文を通じた貞節の現実とが相補性を以て構成されている。

儒教の貞節観がどのようなものであるのかは、現代の私たち日本人にはわかりにくいものがある。一般には、封建制の男女倫理で、自由を奪われ虐げられた婦人の被害面から見られがちなのであるが、著者は牌坊文から現実を読み解いて、表向きはそうであるが、実際はもっとおおらかで、婦人たちもそれを肯定的に受け入れて社会生活を営んでいた事実を紹介している。これなどは著者の調査による功績である。なぜならばこのような実証的な調査に基づいた中国男女倫理の研究論文は他に例がないからである。牌坊は今でこそ少なくなったが、かつての中国では千村万落いたるところで見られた光景である。ここから着想を得た著者の着眼の非凡さには舌を巻く。この点だけでも本書は独創的な論文といえるであろう。つぎに、儒教の貞操観が今では全く失われたのかというと、そうではあるまい。本書にも述べているとおり、漢の時代の婦人が身に付ける教養として4点（婦徳、婦巧、婦言、婦容）の教えが上げられているが、これなどは何千年の歴史の経過を経て、今も中国婦人に受け継がれている美質であると私は思う。どれほど社会が急激に変わろうとも中国人の人間関係重視と男女間の実相は根底では変わるものではないからである。

著者の魏則能氏は名古屋大学大学院を終了した後は、ビジネス世界で企業を立ち上げて活躍している。名古屋を拠点に日中の経営者交流と経営書の普及などを豊富な人脈を活かして推進している。最近、自社本社もできトヨタを中心として名古屋地区を中心に事業も順調と聞いている。魏則能氏を紹介してくれたのは、香港衛星放送の日本代表の李海君であった。李海君は昨年、労作『日本亡命期の梁啓超』（桜美林大学北東アジア総合研究所）を発刊した。名古屋大学大学院の博士論文である。この李海君と名古屋大学の縁で今回の魏則能氏の著書ができ上がるのであるから人生は面白い。人が人をつなぎ本が本を呼ぶ。

実直でいつも含羞を帯びた中国的教養人で企業人である魏則能博士の長年をかけた労作『中国儒教の貞操観』が、日本においても反響を呼び評価されることを切に期待したい。

謝辞

本論文の筆を置いた際、思わず胸が感謝の念でいっぱいになりました。

特に、修士課程から本文の完成に至るまで、長年にわたり指導して下さった指導教官であります国際言語文化研究科の星野幸代先生に心より感謝を申し上げます。先生は、研究論文の書き方、毎度の発表、学会誌への投稿などに際し、常に丁寧で的確なご助言を下さりました。留学生活を続けられたのも含めて、本論文の完成に至るまでには、先生の日頃の激励、熱心で周到なご指導と切り離すことができませんでした。ここに、改めて御礼申し上げます。副指導教官で同研究科の飯田秀敏先生、故楊暁文先生にも多くの貴重なご助言とご指導を賜りました。諸先生方からは論文の指導のみならず、今後の私にとって不可欠な研究方法をもご指導頂いたことも、私のこれからの研究に大切な宝物となります。ここに両先生方に心より厚くお礼を申し上げます。

そして、この研究を進めるにあたって、大いにご鞭撻とご指導をいただきました、元研究科長故平井勝利先生、元研究科長近藤健二先生、元専攻長松本伊嵯子先生、修士課程時代の副指導教官村主幸一先生、研究生時代の伊藤信博先生にも心より感謝を申し上げます。

そのほかにも、貴重な資料を名古屋大学まで送っていただいた、中国安徽大学徽学研究センターの元主任朱万署先生、徽州鮑氏宗族長老であり、徽州地域文化の研究者である鮑樹民先生にも感謝いたします。

ここに一々お名前を記すことが出来ませんが、多くの先生方に改めて御礼を申し上げます。

また、学友である山本圭さんに日本語の訂正等大変お世話になりました。名古屋大学には、約一〇年間にわたり在籍し、多くの先輩、後輩にもお世話になりました。

最後に、長年の留学生生活を支えてくれた母、妻子に感謝し、修士課程時代に他界した父に深く感謝します。

魏　則能

二〇一五年三月

名古屋大学

【著者略歴】

魏　則能（ぎ　そくのう）

1966年10月、中国安徽省に生まれる。

2006年３月、名古屋大学国際言語文化研究科国際多元文化専攻課程修了、名古屋大学より文学修士号が授与される。

2012年３月、名古屋大学同専攻博士課程修了、文学博士号が授与される。

現在、日中文化国際㈱代表取締役として、中部産業連盟の同僚たち及びトヨタ系の経営者たちと企業管理と企業文化の研究・交流を行うとともに大学の学術活動に参画。

桜美林大学北東アジア総合研究所客員研究員。

中国儒教の貞操観—儒学思想における貞節観と貞節牌坊—

2015年５月20日　初版第１刷発行

著　者　魏　　則能
発行者　川西　重忠
発行者　桜美林大学北東アジア総合研究所
〒252-0206　神奈川県相模原市中央区渕野辺4-16-1
Tel：042-704-7030　　Fax：042-704-7030
http://www.obirin.ac.jp
E-mail: n-e-a@obirin.ac.jp
印刷所　株式会社厚徳社